KB126886

한 번만 읽으면 확 잡히는
중등 문해력 쓰기

2024년 5월 1일 1판 1쇄 펴냄

지은이 | 정다희 · 한유승 · 신해영 · 정형근
펴낸이 | 김철종

펴낸곳 | (주)한언
출판등록 | 1983년 9월 30일 제1-128호
주소 | 서울시 종로구 삼일대로 453(경운동) 2층
전화번호 | 02)701-6911 팩스번호 | 02)701-4449
전자우편 | haneon@haneon.com

ISBN 978-89-5596-980-1 (53700)

만든 사람들
기획 · 총괄 | 손성문
편집 | 서은미
디자인 | 이화선
일러스트 | 이현지

한 번만 읽으면 확 잡히는

중등 문해력 쓰기

정다희 한유승 신해영 정형근 지음

한언

머리말

"글이 없었다면 어땠을까?"

혹시 그런 생각해 본 적 있나요? 글이 없었다면 어떻게 되었을까요? 목소리는 입에서 나온 순간 사라져 버리고, 기억에만 의존할 수밖에 없으며, 먼 곳까지 닿지 못한다는 한계가 있습니다. 문자는 사람의 목소리(언어)가 지니는 시간적, 공간적인 제약을 극복하고 언어의 한계를 뛰어넘는 또 다른 의사소통의 수단이 되었지요.

최초의 글은 문자의 기원과 맞닿아 있습니다. 최초의 문자는 기원전 3300년, 지금으로부터 5,300여 년 전에 쓰인 쐐기 문자입니다. 이라크 우루크 지역의 한 유적지에서 기원전 3300년경의 것으로 판명되는 문자 점토판이 발견되었습니다. 지금의 문자와 비교해 보면 기호에 가깝지만 약 3,000년 동안 메소포타미아를 중심으로 고대 오리엔트에서 광범위하게 사용된 문자라고 합니다.

인류 문명의 발전을 경험하고 있는 현재, 문자로 인해 기록할 수 있게 된 것은 인류에게 가장 중요한 진보였다고 할 수 있습니다. 글이 없었다면 사고의 명료화, 지식의 전승과 축적이 불가능했을 것이고, 여전히 인류도 다른 동물들과 마찬가지로 동굴이나 숲을 전전하며 자연재해나 질병으로부터 살아남기 위해 애쓰고 있었을지도 모르지요.

글쓰기는 이러한 이유로 인류의 발전에 가장 중요한 역할을 했다고 볼 수 있습니다. 그리고 아직도 그 여정은 끝나지 않았습니다. 생활의 편의를 돕기 위해, 삶을 성찰하기 위해, 사고력을 기르고 생각을 명료화하기 위해, 지식의 발전을 위해, 과학의 발전을 위해 아직도 글은 쓰이고, 읽히고 있습니다. 그중에서도 잘 짜인 글, 표현력이 뛰어난 글, 통찰력이 있는 글 등은 베스트셀러나 스테디셀러가 되어 더 많은 사람에게 도움을 주고 더 많은 이에게 영향을 미치지요.

좋은 글이란 무엇일까요? 또 좋은 글을 쓰려면 어떻게 해야 할까요?

이 책은 중학교 교육 과정에서 배우는 '쓰기'에 대한 내용을 담았습니다. 글쓰기란 무엇인지, 어떻게 글을 써야 하는지, 어떤 글을 써야 할지, 어떻게 하면 좋은 글을 쓸 수 있는지 고민하는 친구들을 위한 책입니다. 이 책은 2015 개정 교육 과정뿐 아니라 2025년부터 학교에서 새로 배우게 될 2022 개정 교육 과정을 반영하였습니다.

또한 교육 과정을 바탕으로 여러분이 글쓰기의 정확한 개념과 의의, 글쓰기의 절차, 다양한 장르의 글쓰기 방법을 쉽게 배울 수 있도록 구성하였습니다. 글쓰기는 일련의 문제 해결 과정이고 자기 성찰적 대화이며 더 나아가 개인과 개인, 개인과 사회 간의 의사소통 행위입니다.

글쓰기에 대한 이해를 바탕으로 여러분이 일상의 작은 글쓰기부터 한번 시작해 볼 수 있다면 좋겠습니다. 그 한 걸음을 시작으로 글쓰기에 대한 흥미와 즐거움을 느끼고 글쓰기가 좀 더 쉽고 수월해지기를 소망합니다. 더 나아가 여러분들이 훌륭한 글쓴이로서 자신과의 대화를 통해 성장하며 다른 사람들과의 소통으로 더 나은 사회를 만들어 나간다면 더할 나위 없이 큰 기쁨이 될 것입니다.

차례

Part 4. 쓰기, 한 걸음 더!

Part 1. 글쓰기란 무엇일까요?

글쓰기는 문제 해결 과정이에요

글을 쓰며 자신을 성찰해요

글로 의사소통해요

국어 쌤

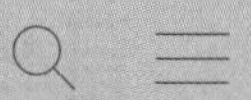

선생님 안녕하세요?

국어 쌤

?

누구지?

1반 강소은입니다~

국어 쌤

아~ 소은아 안녕!

혹시 뭐 하나만 여쭤봐도 될까요?

국어 쌤

응, 뭐든지 물어보렴.

어떻게 하면 글을 잘 쓸 수 있나요?

국어 쌤

어.. 간단한 질문이 아니구나 ^^;

글쓰기가 너무 어려워요 ㅠㅠ

국어 쌤

음..
혹시 과학 실험해 본 적 있니?

네! 학교에서 해 본 적 있어요

국어 쌤

바로 실험부터 했었니?

아니요~ 과학 개념과 원리를 먼저 배우고,
실험 과정을 미리 설계했었어요

그러고 나니 훨씬 쉽게
잘 되더라구요

국어 쌤

쓰기도 바로 같은 이치에서
접근해야 해

네?

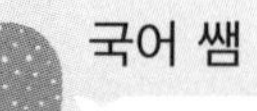

국어 쌤

쓰기란 무엇인지, 왜 써야 하는지
그 개념과 원리를 먼저 이해하고 나면
글을 쓰기 훨씬 수월해진다는 말이야~^^

아, 그렇군요~
쓰기의 개념이나 원리를 공부할 생각
은 전혀 해 본 적이 없었네용ㅠㅠ

국어 쌤

좋아. 그럼 선생님이랑 같이
쓰기가 뭔지부터 배워 보자~!!^0^

네! 감사합니다, 선생님♡

#

글쓰기는 문제 해결 과정이에요

우리는 일상에서 여러 가지 문제 상황을 만나게 됩니다. 만약 길을 가다가 신발 밑창이 떨어진다면? 컵라면을 먹으려고 물을 부었는데 젓가락이 없다면? 버스를 탔는데 버스 카드를 집에 두고 왔다면? 여러분이라면 어떻게 할 건가요?

이러한 문제 상황에서 우리는 가장 먼저 무엇을 할까요? 아주 찰나의 시간 동안 벌어지는 과정이긴 하지만, 먼저 문제 상황을 분석할 겁니다. 현재 상황이 어떤지 분석을 먼저 한 뒤 내가 어떤 일을 할 수 있을지 생각해 전략을 짜겠지요. 그러고 난 후, 어떻게 할지를 정하고 실행에 옮길 거예요. 예를 들어, 버스를 탔는데 버스 카드가 없는 상황에 맞닥뜨렸다면 나에게 현금은 있는지, 버스 기사님은 호의적인지, 주변에 도와줄 사람이 있는지, 버스가 이미 출발했는지, 내가 몇 정거장을 가야 하는지, 집까지 가는 데 시간은 얼마나 걸리는지, 약속 시간까지 얼마나 남았는지 등을 종합적으로 분석하게 될 겁니다. 문제 상황을 파악한 뒤에는 어떻게 할지 전략을 짜야 하겠지요. 현금이 있다면 현금을 낼 것이고, 아무것도 없다면 주변 분들에게 도움을 청하거나 버스 기사님에게 계좌 이체가 가능한지 여쭤볼 수도 있을 겁니다. 이렇게 다양한 전략을 구상한 뒤에는 세부적인 방법을 선택해 실행에 옮길 것입니다. 만약 이러한 과정 없이 당황해서 아무 행동도 하지 못한다면 기사님께 핀잔을 듣거나, 버스에서 내리도록 요구받을지도 모릅니다. 문제 상황에서 대처하는 능력, 이것을 우리는 문제 해결력, 상황 대처 능력이라고 부릅니다. 사람마다 문제 해결 능력은 각기 다릅니다. 문제 해결력이 뛰어난 사람들은 어떤 집단이나 사회에서도 성공할 확률이 높습니다. TV 서바이벌 프로그램에서 상위권에 있거나 우승하는 이들은 이러한 문제 해결 능력이 뛰어난 사람이라고 볼 수 있어요. 이런 이야기를 왜 꺼냈을까요? 바로, 글쓰기도 문제 해결 과정이기 때문입니다.

문제 상황 분석 ⇨ 전략 짜기 ⇨ 실행

글쓰기 수업을 할 때 학생들에게 가장 많이 듣는 말 중 하나가 글의 처음을 어떻게 시작해야 할지 모르겠다는 것입니다. 하지만 글을 잘 쓰고 싶다면 이러한 질문은 시작부터 잘못된 접근이라고 볼 수 있습니다. 글쓰기란 단순히 종이에 글씨를 쓰는 일회성 행동이 아닌, 글쓰기의 '과정' 전체를 의미하는 것이기 때문이죠. 문제 상황에서 상황 분석이나 전략 구상 없이 바로 문제를 해결하려고 한다면 어떻게 될까요? 무엇을 어떻게 해야 할지 몰라 막막하고, 아무것도 하지 못할 것입니다. 설령 실행에 옮긴다고 해도 문제가 생길 테지요. 쓰기도 마찬가지예요. 글쓰기를 어렵게 생각하는 학생의 대부분은 아무런 준비 과정 없이 바로 글부터 쓰려고 했기 때문에 글쓰기가 어렵게 느껴졌던 거지요.

목표 지향적 문제 해결 과정인 글쓰기

글쓴이는 '내가 말하고자 하는 바를 글을 통해 독자에게 전달'하려는 목표를 가지고 글을 씁니다. 그래서 글쓰기는 목표 지향적인 사고 과정이라고 할 수 있습니다. 우리는 이 과정에서 수많은 문제 상황에 직면하게 되지요. 주제는 무엇으로 해야 할지, 글쓰기의 세부 목표는 무엇으로 정하고 어떤 형식의 글을 쓸 것인지 고민해야 합니다. 또 글의 구성은 어떻게 해야 할지, 어떤 단어를 사용해야 글의 의도를 잘 전달할 수 있을지, 문장과 문장 간의 관계는 적절한지, 단락을 어떻게 나누어야 할지, 주제를 어떻게 드러내야 할지 등 모든 과정에서 많은 질문과 맞닥뜨리게 됩니다. 이런 다양한 문제를 어떻게 해결하는지에 따라 좋은 글이 될 수도, 내용이 부실하거나 통일성이 떨어지는 글이 될 수도 있습니다. 글쓰기는 이러한 측면에서 문제 상황을 분석하고, 어떤 것을 요구하는지를 파악해 전략을 짜고, 의사를 결정하는 문제 해결 과정과 같다고 볼 수 있지요. 글쓰기는 어렵다고 생각하는 사람들이 많아요. 글을 잘 쓰는 사람은 타고났다고 여기며 나와는 상관없는 재능이라는 생각들을 많이 하지요. 하지만 글쓰기의 절차를 문제 해결의 과정으로 인식하면 막연하기만 했던 글쓰기가 좀 더 현실적이며 목표 지향적인 과정이 될 것입니다. 이는 누구나 연습을 통해 잘 쓸 수 있고, 글쓰기가 충분히 향상될 수 있는 능력이라는 뜻이죠.

문제 해결 과정인 글쓰기의 절차

문제를 체계적이고 단계적으로 해결해 나가듯 글을 잘 쓰기 위해서도 해결해 나가야 할 절차가 있습니다. 글쓰기는 '계획하기, 내용 생성하기, 조직하기, 표현하기, 고쳐쓰기'의 다섯 단계로 이루어집니다. 글쓰기의 다섯 단계는 순서대로 이루어지기도 하지만 선조적線條的(시간의 흐름에 따라 체계적, 순차적으로 진행되는 것) 과정은 아니에요. 언제든 점검하고 조정하고 수정할 수 있는 동시적이며 상호 작용적 관계에 있습니다. 글쓰기의 다섯 단계는 언제든 어느 단계로든 돌아갈 수 있는 회귀적回歸的(한 바퀴 돌아 제자리로 돌아오거나 돌아가는 것) 과정입니다. 또한 어떤 글을 어떻게 쓸지 계획하고, 내용을 생성하고 조직하며, 글로 표현하고 그 글을 다시 고쳐 쓰는 전 과정에 거쳐 다양한 사고 작용이 일어나는 심리적 과정이기도 합니다.

계획하기

계획하기 단계는 문제 상황에 처했을 때 이를 인식하고 분석하는 첫 단계에 해당한다고 볼 수 있습니다. 글쓴이는 글을 쓰기 전 상황 맥락과 사회·문화적 맥락 등 글쓰기를 둘러싼 여러 가지 맥락들을 파악하고, 개략적인 글의 방향과 구도를 정합니다.

'상황 맥락'이란 글의 주제, 글을 쓰는 목적, 예상 독자, 매체 등 글을 생산하고 수용하는 과정에 직접 관련된 맥락으로, 글을 쓰는 상황과 밀접하게 관련이 있는 요인들을 뜻합니다. '사회·문화적 맥락'이란 글쓴이와 독자를 둘러싼 사회적 배경이나 문화적 배경 등을 뜻하지요.

상황 맥락	글의 주제, 글을 쓰는 목적, 예상 독자, 매체
사회·문화적 맥락	글쓴이의 사회적 배경이나 문화적 배경

글쓰기에 필요한 두 가지 맥락

내용 생성하기

내용 생성하기는 글에서 어떤 내용을 다룰 것인지 생각하고 정보를 수집하며 이를 바탕으로 글에 담을 내용을 선정하는 단계입니다. 자신이 가지고 있는 지식을 펼쳐 내거나 새로운 아이디어를 생성하고 목적과 주제를 정하며 예상 독자에게 적합한 정보를 수집하는 창의적이고 창조적인 단계지요. 배경지식을 바탕으로 내용을 생성하는 전략 중 가장 잘 알려진 것으로는 마인드맵 활동이 있어요.

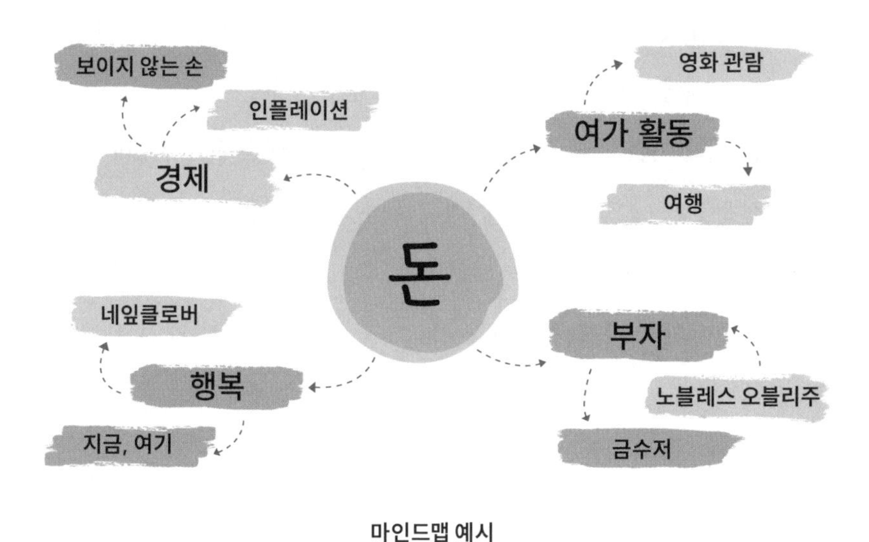

마인드맵 예시

내용 조직하기

조직組織이란 실을 짜서 천을 만드는 것처럼 글을 체계적으로 구성하는 것을 뜻합니다. 생성한 내용 중 선별된 내용들을 글의 목적과 특성에 맞게 배치하고 구성하는 단계지요. 중심 내용과 뒷받침 내용의 일관성, 내용의 통일성 등을 고려하여 적절한 내용을 배치하고 나열하여야 합니다.

표현하기

일반적으로 알고 있는 본격적인 글쓰기 단계입니다. 계획하기, 내용 생성하기, 조직하기 단계를 거쳐 생성된 내용을 문자 언어로 지면에 나타내며, 글로 직접 표현하는 단계이지요. 문자로 표현된 글은 구체적이며 고정적이라는 특징을 지니고 있습니다. 글을 쓰면서 글쓴이는 단어 수준, 문장 수준, 문단 수준, 글 전체 수준에서 글의 통일성, 응집성 등을 끊임없이 점검하고 조정하며 글을 써 나가게 됩니다.

고쳐쓰기

고쳐쓰기 단계는 가장 중요한 단계입니다. 지금까지 쓴 글이 글의 목적, 주제 등과 맞는지, 예상 독자의 수준에 맞는지, 문법적인 오류는 없는지 등 형식적인 면과 내용적인 면을 다각도에서 점검하고 내용의 삭제, 추가, 수정을 진행하는 단계입니다. 이러한 고쳐쓰기는 모든 단계에서 이루어질 수 있습니다.

'계획하기, 내용 생성하기, 내용 조직하기, 표현하기, 고쳐쓰기'의 과정을 거치면서 글쓴이는 글쓰기 과정에서 부딪치는 다양한 문제를 끊임없이 해결해 나갑니다. 특히 모든 과정에서 '주제가 잘 드러나는가? 글을 쓰는 목적에 맞는가? 독자들이 이해하기 쉬운가? 전달하고자 하는 매체의 특성에 맞는가?' 등 글쓰기의 상황 맥락을 고려하여야 합니다. 각 과정에서 상황 맥락을 고려하면서 글을 쓰면 글의 목표와 방향을 잃지 않게 되어 일관성 있고 통일성 있는 글쓰기를 할 수 있습니다.

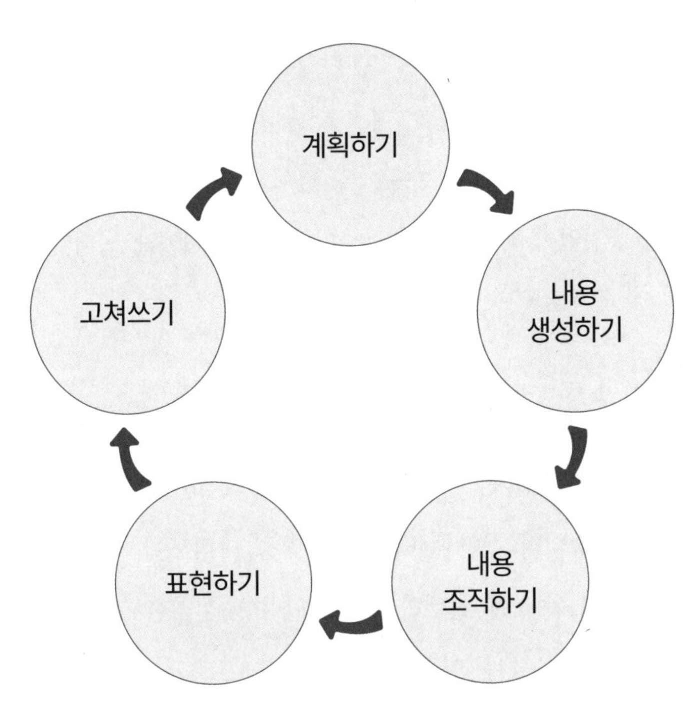

회귀적 과정으로서 글쓰기의 절차

글을 쓰며 자신을 성찰해요

기분이 우울하거나 슬플 때, 여러분들은 어떻게 감정을 해소하나요? 맛있는 것을 먹거나 게임을 하거나 친구와 수다를 떨면서 마음을 다스릴 때도 있겠지만, 혹시 글을 쓰며 기분이 나아진 경험이 있나요? 부모님과 싸웠을 때, 노트에 슬프고 화나는 마음을 끄적여 본 적 있나요? 그러고 나서 마음의 응어리나 화가 풀린 적이 있나요?

글을 쓰면 왜 감정이 해소될까요? 그 이유는 글쓰기가 자기 자신과의 대화이기 때문입니다.

글쓰기는 자신과의 내적 대화

글쓰기는 글을 쓰는 전 과정에 걸쳐 끊임없이 자기 자신과 대화하는 심리적 과정입니다. '주제는 무엇으로 할까? 어떤 내용을 담을까? 어떤 목적으로 글을 써야 할까? 내가 쓰려는 글이 예상 독자의 지적 수준이나 요구에 부합되는 주제를 담고 있나? 글의 구성은 적절한가? 어떤 단어를 사용해야 내가 말하고자 하는 바가 더 효과적으로 드러날까?' 이처럼 우리는 글을 쓰는 동안 계속 질문하며 자신과 수많은 대화를 나누게 되지요. 이 과정을 통해 글쓴이는 자신의 글과 사고 과정을 돌아보며 자기 자신을 성찰하게 됩니다.

삶을 돌아보는 자기 성찰적 대화로서의 글쓰기

한편, 자기 성찰을 목적으로 하는 글이나, 생활 체험을 바탕으로 글을 쓰고자 할 때, 글쓴이는 자신의 일상을 반성하는 태도로 관찰하며 자신의 삶을 되돌아보게 됩니다. '성찰省察'이란 자신을 돌이켜 살펴보는 것입니다. 영어로는 'reflection'으로, 자신을 반영하고 반성한다는 의미입니다. 즉, 나의 행동, 나의 생각, 나의 삶을 돌이켜 보며 자신의 모습을 반성하고 더 깊이 들여다보는 것을 뜻하지요. 글쓴이는 수필이나 회고록, 편지글, 감상문 등을 쓰며 자기 생각과 삶을 돌아볼 수 있습니다.

가장 대표적인 예로, 여러분들 모두 한 번씩은 써 봤을 '일기'가 있습니다. 초등학생 때 썼던 일기를 생각해 보세요. 하루를 지내고 오늘 무슨 일이 있었는지, 그 과정에서 무엇을 느꼈는지, 그 경험을 바탕으로 앞으로 어떻게 살아가겠다는 의지와 포부 등을 쓰면서 글쓴이는 자신의 가치관을 만들어 나가고 삶에 대한 자세를 점검하며 자신을 반성적으로 성찰하게 됩니다. 법정 스님의 〈무소유〉나 이규보의 〈슬견설虱犬說〉 같은 수필 등을 읽으면서 우리는 글쓴이의 생각과 삶에 대한 태도를 깨닫게 되지요.

우리들의 소유 관념이 때로는 우리들의 눈을 멀게 한다. 그래서 자기의 분수까지도 돌볼 새 없이 들뜬다. 그러나 우리는 언젠가 한 번은 빈손으로 돌아갈 것이다. 내 이 육신마저 버리고 홀홀히 떠나갈 것이다. 하고많은 물량일지라도 우리를 어떻게 하지 못할 것이다.

크게 버리는 사람만이 크게 얻을 수 있다는 말이 있다. 물건으로 인해 마음을 상하고 있는 사람들에게는 한 번쯤 생각해 볼 말씀이다. 아무것도 갖지 않을 때 비로소 온 세상을 갖게 된다는 것은 무소유의 또 다른 의미이다.

- 법정, 〈무소유〉 중

"무릇 피血와 기운氣이 있는 것은 사람으로부터 소, 말, 돼지, 양, 벌레, 개미에 이르기까지 모두가 한결같이 살기를 원하고 죽기를 싫어하는 것입니다. 어찌 큰 놈만 특별히 죽기를 싫어하고 작다고 해서 그렇지 아니하겠습니까? 그런즉, 개犬와 이虱의 죽음은 한 가지인 것입니다."

- 이규보, 〈슬견설〉 중

법정 스님은 〈무소유〉를 통해서 '욕심을 버리는 것의 중요성'을, 고려의 문인 이규보는 〈슬견설〉을 통해서 '생명은 크기와 상관없이 모두 소중함'을 말하고 있습니다. 이처럼 수많은 성찰 속에서 얻은 깨달음을 바탕으로 쓴 글을 통해 우리는 글쓴이의 가치관을 엿볼 수 있습니다.

"무엇이 아픈지 열심히 그리고 정확하게 써라." 노벨 문학상과 퓰리처상을 수상한 유명한 작가 어니스트 헤밍웨이가 남긴 명언입니다. 나의 아픔에 대해 열심히, 그리고 정확하게 쓰는 것이 글쓰기의 가장 중요한 덕목임을 드러낸 말이라고 할 수 있지요. 자신의 감정에 솔직한 글쓰기의 중요성을 강조한 것입니다.

우울하고 힘들 때, 생각을 정리하고 싶을 때, 휴대폰 메모장을 꺼내 글을 남기거나, 다이어리에 글을 쓰고 나면 한결 후련하고 마음과 생각이 정리되는 것을 느끼곤 합니다. 실제로 심리학이나 정신분석학 분야에서도 글쓰기의 치유 효과가 긍정적으로 평가되고 있지요.

더 나은 삶에 대해 고민하고 성찰하는 일은 삶을 생산적인 방향으로 발전시키며, 긍정적이고 바람직한 정서를 함양할 수 있도록 도와줍니다. 자기 삶에 바람직한 의미를 부여하고, 자신의 가치가 무엇인지 생각해 보는 것은 힘든 현실 속의 희망이 되어 주지요. 글쓰기는 우리가 스스로를 돌이켜 보며 성찰할 수 있도록 합니다. 이러한 측면에서 글쓰기는 우리가 행복한 삶을 영위하는 데에도 큰 힘이 되어 줄 것입니다.

글로 의사소통해요

의미 구성 행위로서의 글쓰기

여러분은 혹시 만나고 싶은 역사적 인물이 있나요? 우리가 이순신 장군이나 아리스토텔레스를 만날 수 있을까요? 타임머신이 있다면 그분들을 만날 수 있을지도 모르지만, 현실적으로는 불가능하겠지요. 하지만 시공간을 초월할 수 있는 유일한 방법이 있습니다. 바로, 글을 통해서이지요.

우리는 이순신 장군이 임진왜란 때 쓴 《난중일기亂中日記》를 통해 이순신 장군의 생생한 목소리를 들을 수 있습니다. 또한, 아리스토텔레스의 《시학詩學》을 읽으며 기원전 고대 그리스에 살았던 그를 만날 수 있습니다.

임진년(1592년) 6월 초2일[양력 7월 10일] 맑다.

아침에 떠나 곧장 당포 선창에 이르니, 적선 스무여 척이 줄지어 머물러 있다. 둘러싸고 싸우는데, 적선 중에 큰 배 한 척은 우리나라 관옥선만 하다. 배 위에 다락이 있는데, 높이가 두 길은 되겠고, 그 누각 위에는 왜장이 떡 버티고 우뚝 앉아 끄떡도 아니 하였다. 또 편전과 대, 중, 승자총 등으로 비 오듯 마구 쏘아 대니, 적장이 화살을 맞고 떨어졌다. 그러자 왜적들은 한꺼번에 놀라 흩어졌다.

- 이순신, 《난중일기》 중

1592년에 쓰인 글이지만 마치 바로 어제 있었던 일처럼 생생하게 전달되는 것 같지 않나요? 이처럼 글을 통해서 우리는 현실적으로는 절대 만날 수 없는 머나먼 과거 인물의 이야기를 전해 들을 수 있습니다. 글을 통해 과거와 소통할 수 있다는 것은 정말 설레고 멋진 일입니다. 이는 반대로 내가 지금 쓴 글을 한참 뒤의 누군가가 읽을 수도 있다는 뜻이고, 지구 반대편의 독자가 읽을 수도 있다는 뜻이지요. 어린아이가 읽을 수도 있고, 엄청난 부자가 읽을 수도 있습니다. 이렇듯 글쓰기는 남녀노소, 빈부귀천 등 다양한 사회적 계층, 시간과 공간을 초월한 소통을 가능하게 하는 활동이지요.

이러한 측면에서 보자면 글쓰기는 의사소통입니다. 보통 의사소통이라고 하면 대화를 떠올리는 경우가 많습니다. 앞서 글쓰기는 자기 성찰적 대화라고 했지요. 이처럼 글쓰기는 글쓴이의 개인적 대화라는 측면에서는 자기 성찰 과정이며 개인적 의미 구성 행위입니다. 하지만 글쓰기는 개인적 의미 구성 행위인 동시에 사회적 의미 구성 행위이기도 합니다. 글쓰기는 글쓴이와 독자의 개인 간 의사소통이며, 더 나아가 집단 간, 계층 간, 세대 간, 시대 간 소통이 가능하게 만들기 때문입니다.

글쓰기 = 의사소통 = 의미 구성 행위

글쓴이는 자신이 속한 사회·문화적 상황과 요구를 반영하여 글을 써 독자에게 의미를 전달합니다. 반대로, 독자의 요구나 시대적 요구를 반영한 글을 써서 사회·문화를 발전시키기도 하지요. 즉, 어느 한쪽에서 한쪽으로 일방적으로 영향을 미치는 것이 아니고, 글쓴이, 독자, 사회·문화적 상황은 글을 매개로 상호 작용 관계를 형성하며 서로 소통합니다.

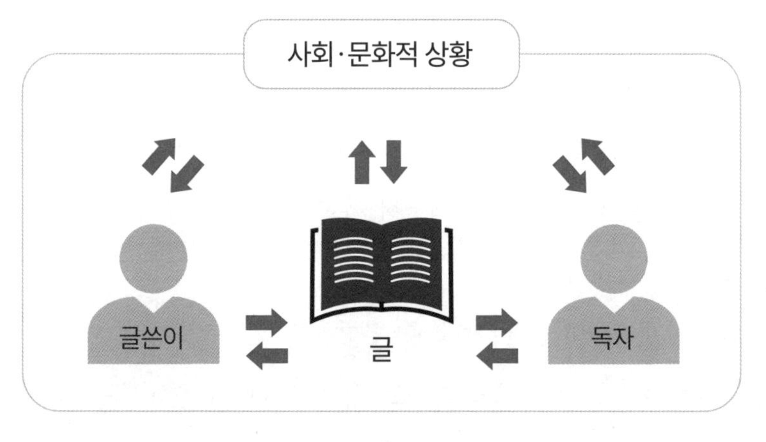

글의 소통 구조

사회·문화적 실천 행위로서의 글쓰기

버스를 타고 가면서 창밖 풍경들을 바라보며 문득 이런 생각을 해 본 적이 있습니다. 핸드폰으로 멀리 있는 누군가와 통화하는 사람들, 반짝이는 조명, 높은 건물, 흘러나오는 노래, 가지각색의 옷들, 체계적으로 들어오는 신호등 불빛, 바쁘게 어디론가 향하는 자동차들……. '인류 문명이 이렇게 발전할 수 있었던 이유는 무엇일까?'

인류가 다른 동물과 다르게 건축물을 올리고, 예술과 문화를 발전시키고, 눈부신 과학 기술의 발전을 이룩하여 거대한 문명을 만들어 낸 바탕에는 글쓰기가 있습니다.

만약 인류에게 글자가 없었다면 어떻게 되었을까요? 아무것도 기록할 수 없었겠지요. 인간의 수명은 유한합니다. 어떤 이론이나 물질을 연구하던 학자가 아무것도 기록하지 않았다면 아무리 평생을 연구했을지라도 그 지식은 흔적도 없이 사라져 버리고 말 것입니다.

글쓰기는 학문 공동체, 사회 공동체, 문화 공동체가 축적해 온 지식과 지혜, 문화를 후손에게 전승할 수 있도록 했고, 후손들은 이를 토대로 문화와 문명을 더욱 발전시키게 되었습니다. 이처럼 글쓰기는 인류의 문화유산을 계승하고 발전시키는 적극적인 기능을 해 왔습니다. 글쓰기는 의사소통을 넘어서서 사회·문화적 실천 행위로서의 역할을 해 왔던 것이지요.

글쓰기가 현재의 우리 문화를 형성하고 발전시키는 데 어떠한 영향을 미쳤는지는 우리 문화를 보존하고 전승하기 위해 목숨을 걸고 글을 쓰고 인쇄했던 일제 강점기 때의 예시를 통해 살펴볼 수 있습니다. 영화 〈말모이〉는 일제 강점기에 목숨을 걸고 우리말을 지키기 위해 고군분투한 우리말 사전의 편찬 과정을 그립니다. 영화 〈동주〉에는 윤동주 시인이 잃어버린 나라를 바라보며 아무것도 할 수 없었던 자신을 부끄러운 마음으로 성찰하고 글을 썼던 모습이 드러나 있고요.

현재의 글쓰기 또한 의미 구성 행위로서, 사회적 실천 행위로서 사회적 소통과 통합, 문명과 문화의 전승과 발전을 도모하게 될 것입니다. 따라서 우리는 지금의 글쓰기가 미래 우리 문화 발전에 어떠한 영향을 끼칠지 생각하면서 책임감 있게 글을 써야겠지요.

지금까지 우리는 글쓰기가 무엇인지 살펴보았습니다. 글쓰기는 문제 해결 과정으로서 '계획하기, 내용 생성하기, 내용 조직하기, 표현하기, 고쳐쓰기'가 상호 작용하며 회귀하는 다섯 단계로 이루어집니다. 글쓰기는 끊임없이 자기와 대화하는 심리적 과정이며, 자신의 삶을 반성하면서 돌아보는 자기 성찰 과정입니다. 이러한 개인적 의미 구성 행위에서 더 나아가 글쓴이와 독자, 사회·문화적 상황이 상호 작용하는 사회적 의미 구성 행위로서, 글쓰기는 의사소통이기도 합니다. 또 소통과 인류 문명의 발전에 이바지한다는 면에서 사회·문화적 실천 행위이기도 합니다.

현대 사회에는 정보 통신과 매체의 발달로 글쓰기의 형태가 무척 다양해졌습니다. 전자책의 발달, 사회관계망 서비스(SNS, Social Network

Service)의 발달, 플랫폼의 다양화 등으로 다양한 글쓰기의 형태가 계속해서 생겨나고 있습니다.

이러한 상황에서 우리는 어떻게 글을 써야 하고, 어떤 글을 써야 할지 더 상세하게 살펴보기로 합시다.

이것만은 알아 두세요

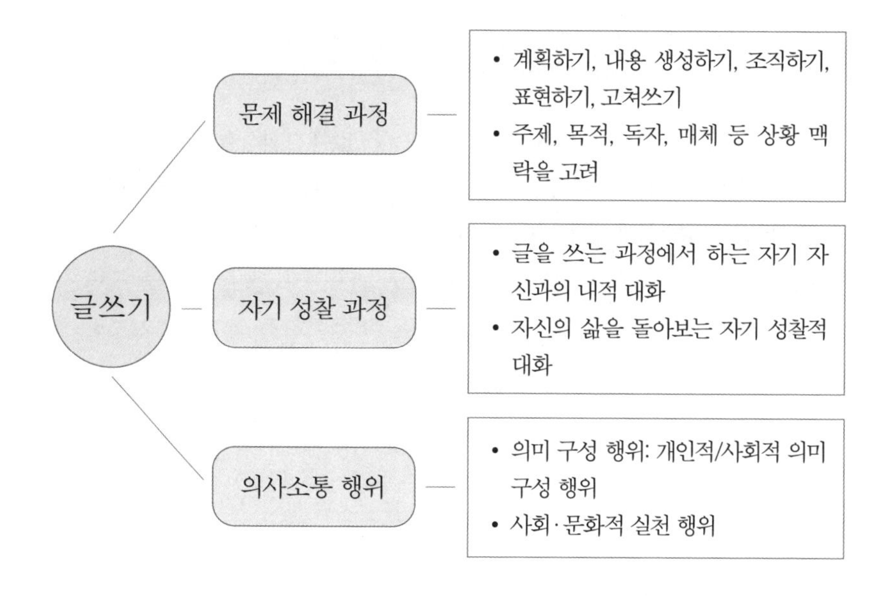
글쓰기
문제 해결 과정
• 계획하기, 내용 생성하기, 조직하기, 표현하기, 고쳐쓰기
• 주제, 목적, 독자, 매체 등 상황 맥락을 고려
자기 성찰 과정
• 글을 쓰는 과정에서 하는 자기 자신과의 내적 대화
• 자신의 삶을 돌아보는 자기 성찰적 대화
의사소통 행위
• 의미 구성 행위: 개인적/사회적 의미 구성 행위
• 사회·문화적 실천 행위

풀어 볼까? 문제!

1. 다음은 글쓰기에 대한 설명입니다. 이를 바탕으로 글쓰기란 무엇인지 써 봅시다.

> 글쓴이는 글을 쓰는 과정에서 자기 자신과 끊임없이 대화하며 글을 써 나간다. 또한 수필, 회고록, 편지글 등의 글에서 자기 삶과 자아에 대해 고민하며 반성적으로 성찰하게 된다.

2. 문제 해결 과정으로서의 글쓰기의 다섯 단계 중 빈칸에 알맞은 말을 써 봅시다.

(　　　)하기 – 내용 (　　　)하기 – 내용 (　　　)하기 – (　　　)하기 – (　　　)

정답

1. 글쓰기는 자기 성찰 과정이다.

2. 계획, 생성, 조직, 표현, 고쳐쓰기

Part 2. **어떻게 써야 할까요?**

맥락을 고려해 쓰기를 계획해요

매체와 자료를 활용해 내용을 생성해요

통일성·응집성 있게 내용을 조직해요

다양하고 정확한 표현을 사용해요

쓰기 과정을 점검·조정하며 고쳐쓰기 해요

김연필 

연필아 모해?

김연필

글 쓰고 있어

헐~ 무슨 글?
대단하다

김연필

대단한 건 아니고ㅋㅋ
나 동아리 도서부잖아

근데 대표로 학교 신문에 실릴 글을
쓰라고 해서 한번 써 보고 있는 중

오~ 도서부 대표!! 대단한데~~!?
나는 글 쓰는 게 제일 어렵더라

김연필

나도 무턱대고 글을 쓰려니까 막막해서
사실 지금 다시 개요를 짜고 있어

개요? 개요가 뭐야?

김연필

글을 쓰기 전에 미리 어떤 내용을
쓸지 배치해 보는 거

근데 무슨 내용을 써야 할지도
감을 못 잡겠다

주제가 뭔데?

김연필

주제도 아직 못 골랐어 사실ㅋㅋㅋ

뭐야 글 쓰던 게 아니네

김연필

ㅋㅋ 그렇네 ㅠㅠ

무슨 종류의 글인데?

김연필

설명문을 써야 하나 논설문을
써야 하나 모르겠네..

목적도 모르고 글을 쓰려고
했던 거야?ㅋㅋ

김연필

내일 학교 가서 도서부 선생님께
여쭤봐야겠다..ㅠㅠ

그래, 나도 같이 가자
나는 가서 글 잘 쓰는 법을 여쭤봐야지

김연필

좋아~ 내일 만나 :)

앞에서 우리는 글쓰기가 무엇인지에 대해 배웠어요. 그렇다면 친구가 질문한 것처럼 글을 잘 쓰기 위해서는 어떻게 해야 할까요?

앞서 글쓰기의 다섯 단계에 대해 배운 내용이 생각나나요? 글을 잘 쓰려면 글쓰기의 단계별로 그에 맞는 적절한 글쓰기 전략을 활용하며 글을 써야 합니다.

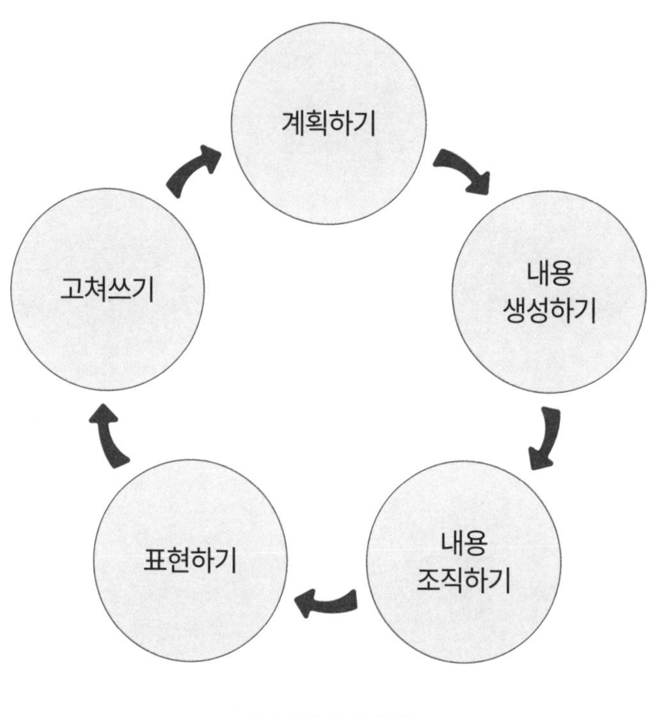

글쓰기의 다섯 단계

지금부터 각각의 단계마다 어떤 것에 주목하여 글을 써야 하는지 자세히 살펴보도록 해요. 연필이가 글을 쓰는 과정도 함께 따라가 보며 좋은 글을 쓰려면 어떻게 해야 할지 생각해 봅시다.

맥락을 고려해 쓰기를 계획해요

부모님과 함께 여행을 가 본 적이 있나요? 아무런 계획 없이 여행을 떠난다면 어떻게 될까요? 중요한 일을 하기 전에 계획을 세우는 것은 어떤 일을 하기에 앞서 가장 중요한 단계입니다. 여러분도 시험 전에 공부 계획을 세워 본 적이 있을 거예요. 계획을 세우지 않고 바로 일을 진행하면 예상치 못한 상황에 직면하거나 문제 상황에 직면했을 때 적절하게 대처하기 힘들어집니다. 시험공부 계획을 세우지 않은 채 공부를 시작한다면 무엇부터 공부해야 할지, 언제 얼마큼 공부해야 할지 갈피를 잡을 수 없게 되는 것처럼 말이죠.

글쓰기의 가장 첫 번째 단계는 '계획하기' 단계입니다.

'시작이 반이다'라는 말처럼 계획을 잘 세우면 절반 이상은 성공이라고 볼 수 있어요. 첫 단추를 아주 잘 끼우게 되기 때문이에요. 글을 쓰다가 중간에 막히는 일도 거의 없을 것이고, 문제 상황에도 유연하게 대처하게 되며 좋은 글을 쓰게 될 가능성이 매우 높아집니다.

보통 글을 처음 써 보거나 글쓰기에 서툰 사람들은 계획하지 않고 바로 글을 씁니다. 이런 경우 높은 확률로 과제에 부합하지 않는 글을 쓰거나, 쓸 내용이 바닥나 어려움을 겪는 경우가 생길 수 있어요.

그렇다면 어떤 것을 계획해야 할까요? 먼저 글쓰기의 과정을 고려해야 합니다. 내용 생성, 내용 조직, 표현하기 등 글쓰기의 모든 단계를 미리 계획해야 하는데, 특히 바로 다음 단계인 내용 생성을 어떻게 할지를 계획하는 것이 중요합니다. 그러기 위해서는 글쓰기의 맥락을 먼저 파악해야 합니다. 앞에서 살짝 살펴본 것처럼 글쓰기를 할 때 고려해야 할 맥락에는 '상황 맥락'과 '사회·문화적 맥락'이 있습니다.

상황 맥락 파악하기

상황 맥락이란 글의 생산과 수용 과정에서 직접적으로 개입하는 맥락입니다. 즉, 글과 직접적으로 상관있는 중요한 요소들을 말합니다. 생산과 수용의 주체인 글쓴이와 독자, 글의 주제, 글의 목적, 매체 등을 의미해요. 글쓴이를 제외하면, 글쓴이가 계획하기 단계에서 중요하게 고려해야 할 상황 맥락이란 '글의 목적, 주제, 독자, 매체'입니다.

① 글의 목적: 정보 전달, 설득, 사회적 상호 작용, 정서 표현 등

② 글의 주제: 무엇을 쓰느냐와 관련된 것으로, 글쓰기 과제와 밀접한 관련이 있음.

- 글쓴이가 스스로 선택한 주제(일상적 글쓰기)
- 타인에 의해 주어진 주제(학교생활, 사회생활 등으로 인한 글쓰기)

③ 예상 독자: 글을 읽을 것으로 예상되는 독자로, 예상 독자의 지식수준, 흥미, 요구 등에 따라 글의 내용이나 표현 등을 달리하여야 함.

④ 매체: 글이 실릴 매체 (예) 신문 기사, 인터넷 SNS 글, 홍보 포스터, 책, 편지 등

각각의 상황 맥락이 어떠한지에 따라 글의 내용이나 표현 등이 달라지기도 하고, 상황 맥락이 서로 영향을 미치는 등 각각의 상황 맥락은 서로 밀접한 관련이 있습니다. 그래서 보통 계획하기 단계에서는 상황 맥락을 파악하는 것을 가장 중요하게 생각하지요. 대부분의 교과서에서는 계획하기 단계에서 '글의 목적, 주제, 독자, 매체'를 정하는 활동을 주로 합니다. 하지만 글쓰기의 맥락에는 상황 맥락뿐만 아니라 사회·문화적 맥락도 중요하게 작용합니다.

사회·문화적 맥락 파악하기

사회·문화적 맥락이란 글쓰기가 이루어지는 사회의 사회적, 문화적 흐름과 관련된 맥락입니다. 글을 쓰고 있는 글쓴이나 독자들은 사회나 문화와 동떨어져 존재할 수 없습니다. 따라서 담화 공동체의 규

범과 관습, 역사적·사회적 상황, 이데올로기, 공동체의 가치, 신념 등이 포함된 사회·문화적 맥락이 글쓰기 상황이나 글의 내용 이면에 영향을 미칠 수밖에 없습니다. 물론 상황 맥락에 비하면 간접적으로 작용하지만, 사회·문화적 맥락도 글을 쓰는 전 과정에 영향을 끼칩니다. 심지어는 사회·문화적 배경으로 인해 담화 관습이 생겨나고, 새로운 글 장르까지 형성되기도 합니다. 예를 들어, 법조계나 과학계만의 글 장르인 법조문, 과학 학술지 등이 그러하지요. 글의 장르들은 고유한 작문 관습을 지녔습니다. 각 장르의 관습을 미리 알고 있어야 특정 장르의 글을 쓸 때 그에 맞는 글을 쓸 수 있습니다. 또, 예상 독자가 속한 공동체의 규범과 가치를 잘 파악해야 설득력 있는 글을 쓸 수 있습니다. 따라서 자신이 쓰는 글의 독자는 어떤 공동체에 속하는지, 어떤 가치를 지향하는지 살펴보아야 할 필요가 있는 것이지요.

상황 맥락과 사회·문화적 맥락을 파악하는 것은 글의 목표를 세우는 과정이라고 할 수 있습니다. 따라서 글을 계획하는 단계에서 가장 중요한 요소라고 할 수 있지요. 하지만 상황 맥락과 사회·문화적 맥락은 계획하기 단계뿐만 아니라 글쓰기의 전 과정에 걸쳐 중요하게 고려되어야 할 요소입니다. 내용을 생성할 때도, 글을 조직할 때도, 글을 쓸 때도, 글쓰기를 점검하고 조정하며 고쳐 쓸 때도 계속해서 쓰기 맥락에 맞는지를 점검해야 합니다.

세부 내용 계획하기

상황 맥락과 사회·문화적 맥락을 어느 정도 파악한 뒤에는 글쓰기 전 과정을 계획하여야 합니다. 계획할 때는 누구에게 어떤 주제를 어떤 목적을 가지고 글을 쓸지 설정하여 글의 목표를 세우는 것도 중요하지만, 글의 제목과 대략적인 내용을 정하는 것도 중요합니다. 제목은 글의 주제나 주요 내용과 깊은 관련이 있으며, 대략적인 내용을 떠올리는 것은 밑그림을 그리는 것과 같습니다. 글 제목과 대략적인 내용을 떠올릴 때는 메모를 활용할 수 있습니다. 전체적인 내용을 메모해 보면서 미리 계획하는 것이지요.

글의 제목과 대략적 내용이 정해지면 글의 내용이 되는 재료인 글감을 어떻게 생성할지 미리 계획하는 것이 좋습니다. 학생들이 글을 쓸 때 어려움을 많이 겪는 이유가 글의 내용이 부족하기 때문입니다. 글감이 적은 학생들은 내용을 전개하는 것에 어려움을 겪게 됩니다. 그래서 대체로 글의 분량이 적어지지요.

이러한 문제를 방지하기 위해서 어떤 내용을 쓸 것인지에 대한 계획은 더욱 중요합니다. 예를 들어서 서적을 참고한다든지, 인터넷으로 정보를 수집한다든지, 비슷한 주제로 기존에 쓰인 글을 참고한다든지 하는 등 말이지요. 그다음으로는 전체적인 글의 구조를 계획하면 됩니다. 소설가나 화가가 소설의 전체적인 줄거리나 그림의 전체적인 윤곽을 결정하는 것과 같은 것이지요. 이때는 구조화된 그림이나 도식 등을 활용하여 미리 적어 보는 활동이 도움이 될 수 있습니다.

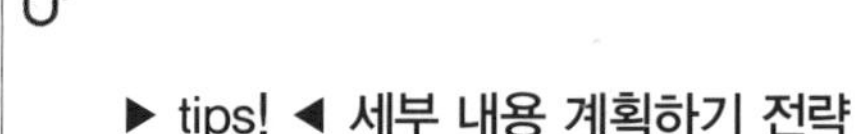

- 글 제목, 대략적인 내용 떠올리기: 개략적인 메모 활용
- 구조, 전개 계획: 구조화된 그림, 도식으로 표현

연필이의 글쓰기 과정 1. 계획하기

1. 상황 맥락 분석하기

- 글의 주제: 신조어 사용의 문제점
- 글의 목적: 신조어를 사용하지 말아야 함을 설득
- 예상 독자: ○○중학교 학생들
- 매체: 학교 신문의 학생 투고란

2. 제목과 대략적인 내용 정하기

- 제목: 당신의 언어생활은 안녕하신가요?
- 내용: 신조어 사용의 문제점을 들어 신조어를 사용하지 말아야 함을 설득하는 내용

3. 내용 생성 계획하기

- 뉴스 기사를 인용해 신조어와 관련된 통계 사용

4. 내용 구조, 전개 계획하기

- 신조어 사용의 문제점을 3가지 제시

- 주장과 근거 제시

이것만은 알아 두세요

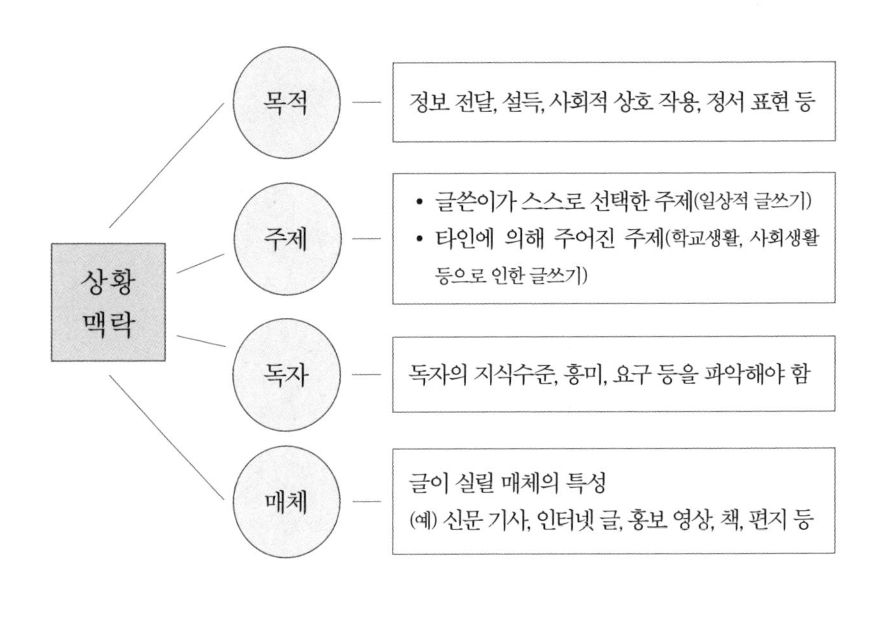

사회 · 문화적 맥락

- 글쓰기가 이루어지는 사회의 사회·문화적 흐름과 관련된 맥락
- 담화 공동체의 규범과 관습, 역사적·사회적 상황, 이데올로기, 공동체의 가치, 신념 등

풀어 볼까? 문제!

1. 글쓰기의 맥락 두 가지는 무엇인지 써 봅시다.

2. 계획하기 단계에서 가장 중요하게 계획해야 하는 요소 4가지를 써 봅시다.

정답

1. 상황 맥락, 사회 · 문화적 맥락

2. 목적, 주제, 독자, 매체

매체와 자료를 활용해 내용을 생성해요

계획을 바탕으로 글에 들어갈 내용을 만드는 것은, 요리 시작 전 요리에 들어갈 재료를 미리 준비하는 과정과 비슷합니다. 내용을 생성하는 과정은 글쓰기의 재료인 글감을 마련하는 창조적 사고 활동입니다. 글감은 기존에 글쓴이가 가지고 있던 배경지식, 기억 속 정보 떠올리기, 생각의 포착, 추론, 자신의 지식과 정보 사이의 연관성을 발견하는 것 등으로부터 마련할 수 있습니다.

보통 글 쓸 내용을 생성할 때는 배경지식 활용을 일차적으로 고려하게 됩니다. 경험에서 축적된 배경지식이 글 내용의 주요 원천이기 때문입니다. 이 외에도 친구, 부모님 등과의 대화나 토의, 면담 등을 통해 정보를 얻을 수도 있고, 매체를 통해 다양한 정보를 얻을 수도 있지요. 자기 배경지식 외의 정보를 활용할 때는 신뢰성 있는 출처의 정보를 활용하고, 출처를 정확하게 밝히는 것이 중요합니다.

자신이 알고 있는 정보	• 경험 떠올리기, 연상하기, 열거하기와 같은 활동을 통해 정보 활성화 및 인출
주위에서 찾을 수 있는 정보	• 친구, 부모, 교사, 전문가들 이용 • 대화, 토의, 면담 등을 통한 정보 확보
매체를 통해 획득할 수 있는 정보	• 글 읽기(주제별 읽기, 장르별 읽기) • 인쇄 매체 외 인터넷, 텔레비전, 휴대 전화 등 활용 • 책, 신문, 방송, 인터넷 등 자료 수집

알고 있는 정보를 바탕으로 내용 생성하기

자신이 이미 알고 있는 사실이나 정보, 즉 배경지식을 바탕으로 내용을 생성하기 위해서는 다양한 내용 생성 전략을 활용할 수 있습니다. 학교에서 쓰기 수행 평가를 할 때, 선생님께서 정해 주신 주제를 듣고 무엇을 써야 할지 생각해 본 적 있나요? 예를 들어, 환경 보호 포스터를 만들 계획을 미리 알려 주셨을 때, 우리는 어떤 내용을 떠올리게 될까요? 오래된 기억은 머릿속에서 장기 기억의 형태로 저장되어 보관되는데, 이것을 인출하는 과정은 생각보다 쉽지 않습니다. 뭘 해야 할지 막막해지기 일쑤죠. 그럴 때 도움을 주는 것이 '내용 생성 전략'입니다. 내용 생성 전략은 많은 양의 정보를 꺼내도록 생각의 확산을 도와주는 창의적 활동과, 정보를 일정한 기준 등으로 나누고 배열해 봄으로써 생각을 정리하는 데 도움을 주는 체계적 활동으로 나누어 볼 수 있습니다.

창의적 활동에는 브레인스토밍(brainstorming), 자유롭게 쓰기, 우리가 흔히 마인드맵(mind-mapping)이라고 부르기도 하는 생각 그물 만들기, 대화하기 등이 있습니다.

'브레인스토밍'은 많이 들어 본 이름이지요? 주로 회의 등에서 많이 사용되는 기법이기도 한 브레인스토밍은 주제와 관련된 것 중 가능한 많은 내용을, 있는 대로 떠올려 적는 전략입니다. 틀리면 안 된다는 등의 제약이 없어 심리적 부담이 적으므로 다양한 생각들을 양적으로 풍부하게 끌어낼 수 있다는 장점이 있습니다. 만약 어떤 기업에서 겨울 눈 축제 홍보 포스터에 들어갈 문구나 디자인을 결정하고자 할 때는 다음과 같은 활동이 도움이 되겠지요.

Q: *'눈雪'하면 떠오르는 생각을 모두 적어 보세요.*

A: *겨울, 눈사람, 크리스마스, 하얀색, 추위, 설원, 설탕, 밀가루, 눈꽃, 결정, 아름다움, 겨울 왕국, 썰매, 얼음, 북극, 펭귄, 빙하, 에스키모, 알래스카, 이글루…….*

브레인스토밍 예시

이와 같은 활동을 통해 포스터 속에 눈사람, 펭귄, 이글루 등을 넣을 수도 있고, '겨울 왕국'이나 '아름다움', '추위', '결정' 등의 단어를 채택하여 '추위 속에서도 아름답게 피어나는 겨울 왕국의 눈꽃 결정을 보고 싶다면?' 등의 문구를 만들어 낼 수도 있습니다.

'자유롭게 쓰기'는 일상에서 일어난 일이나 자기 생각, 느낌 등을 자유롭게 기록해 두는 것을 의미합니다. 평소에 메모장이나 노트 등에 자유롭게 글을 적어 두면, 글을 쓰게 되었을 때 주제 선정이나 내용 생성에 중요한 자료가 되고 좋은 글쓰기 습관이 생기는 데도 도움이 됩니다.

'생각 그물 만들기'는 흔히 말하는 마인드맵을 순화한 표현으로, 주요 개념으로부터 파생된 아이디어를 마치 그물을 짜듯이 시각화하여 연결해 나가는 활동입니다. 생각 그물에는 단어, 짧은 어구, 그림 등이 들어갈 수 있고, 형태도 다양하게 구성될 수 있습니다.

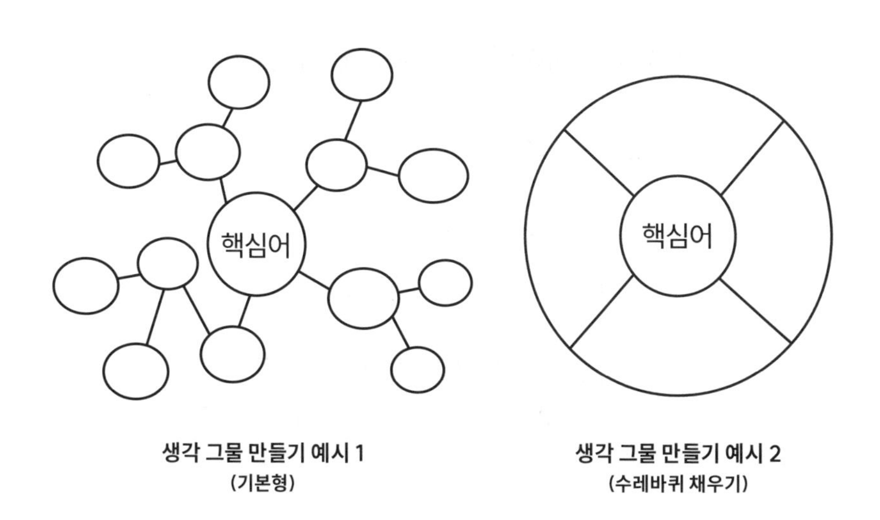

생각 그물 만들기 예시 1
(기본형)

생각 그물 만들기 예시 2
(수레바퀴 채우기)

체계적 활동으로는 내용 구조도 활용이 있습니다. 내용 구조도는 일정한 기준을 바탕으로 글에 들어갈 내용을 계층적인 순서대로 그려 넣는 체계적인 내용 생성 전략입니다. 창의적 내용 생성 전략이 생각의 확산, 아이디어의 양을 늘리는 것에 초점을 둔 활동이라면, 체계적 내용 생성 전략은 기준을 나누고 정보의 분류를 쉽게 하는 활동입니다.

▶ tips! ◀ 내용 생성 전략

• 창의적 활동– 브레인스토밍, 자유롭게 쓰기, 생각 그물 만들기(마인드맵) 등

신조어를 사용하면 어떤 점이 안 좋을까?

바로 ... 신조어 사용을 통해 – 뭘까?!

ex) 음 신조어 란?! 새로 만들어진 언어!

박박!, 꾸웨액, 어쩔티비 등

신조어는 이해하기 힘들 것 같다!
세대 차이가 날 수 있음!

창의적 활동 예시(자유롭게 쓰기)

1. 브레인스토밍: 즉흥적으로 주제에 대해 아이디어를 여과 없이 있는 대로

떠올리는 전략

2. 자유롭게 쓰기: 평소 일어난 사건이나 자기 생각, 느낌 등을 자유롭게 써 두는 전략
3. 생각 그물 만들기: 주요 개념으로부터 파생된 아이디어를 시각화하여 그물처럼 표현하는 전략

• 체계적 활동– 내용 구조도 활용

내용 구조도: 일정한 기준을 바탕으로 아이디어를 계층적인 순서대로 그려 넣는 체계적인 내용 생성 전략

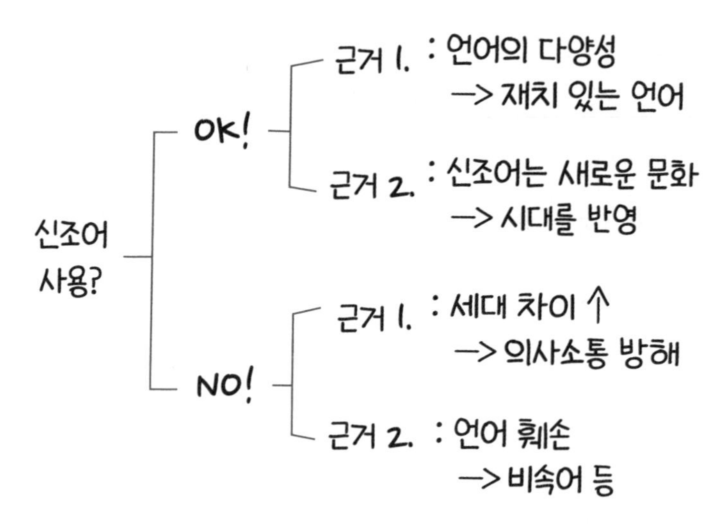

체계적 활동 예시(내용 구조도)

새로운 정보 수집하기

주위에서 찾을 수 있는 정보

새로운 정보를 수집하기 위해 우리는 주위 사람과 대화하면서 정보를 수집할 수 있습니다. '대화하기' 활동은 글쓴이가 쓰고자 하는 글의 주제나 문제 상황 등에 대해 특정 인물들과 대화를 통해 아이디어를 생성하고 구체화하는 전략입니다. 여러분도 불명확했던 개념이나 상황이 이야기를 통해 명료해지거나 더 확장되었던 경험이 있을 거예요. 선생님, 친구들, 부모님, 전문가 등과 대화하다 보면 배경지식이 활성화되고 확장됩니다. 여기서 말하는 대화는 단순한 대화의 형태가 될 수도 있고, 토의나 토론, 면담 등의 형태로도 이루어질 수 있지요. 대화와 토의, 토론, 면담 등 다른 사람과 대화를 통해 내용을 생성하는 것은 자신이 미처 생각하지 못한 아이디어를 얻을 수 있게 하고, 다양한 시각으로 폭넓게 아이디어를 수집할 수 있도록 도와줍니다.

정보 수집 형태	특징
대화	가장 기본적인 의사소통의 형태
토의	• 문제를 해결하기 위하여 의견을 모으는 말하기 • 타인의 의견을 능동적으로 수용하여 효과적이고 적절한 결론을 도출하기 위해서 힘씀

토론	• 어떤 논제에 대하여 긍정과 부정으로 대립하는 두 진영이 정해진 규칙에 따라 근거를 들어 자신의 주장이 옳음을 내세우고 상대방 주장이나 근거가 부당함을 논증하는 말하기 • 문제를 해결하기 위한 의사결정 과정이라기보다는 문제에 대한 해결책을 탐색하기 위한 과정
면담	일정한 목적을 위해서 상의하거나, 서로 대면하여 질의·응답하는 것(인터뷰)

대화를 통한 정보 수집의 종류와 형태별 특징

매체를 통해 찾을 수 있는 정보

새로운 정보를 수집하는 가장 대표적인 방법은 매체를 통한 자료 수집입니다. 주로 책이나 신문, 방송, 인터넷 등을 통해 자료를 수집할 수 있는데, 이는 글쓴이가 자신의 관점에서 벗어나 쓰고자 하는 주제를 새로운 시각에서 바라볼 수 있게 합니다. 앞서 말한 대화하기가 직접적 정보 수집이라면, 매체를 통한 정보 수집은 간접적 정보 수집이 되는 것이지요. 왜냐하면 전문가 등이 말한 내용을 간접적으로 매체를 통해 전달받아 수집하는 것이기 때문입니다. 관련 자료들을 수집할 때는 정보의 신뢰성과 공정성, 출처의 정확성 등에 유의하여야 합니다. 나중에 글을 쓸 때 출처를 명확히 밝혀 주는 것도 잊지 말아야 합니다.

매체	특징
책	다양한 분야의 전문가가 작성한 글을 엮어 만든 매체. 신뢰성이 높고 정보의 깊이와 폭이 넓어 전문적이고 다양한 정보를 수집할 수 있음.
신문	뉴스, 기사, 칼럼 등을 인쇄한 종이 매체. 최신 뉴스를 알 수 있음. 기자나 전문가가 작성하여 신뢰성이 높음.
방송	이미지와 문자가 복합적으로 융합된 영상 매체. TV, 온라인 방송 등 전달 매체가 다양화되어 있음. 시청각 자료가 많아 이해하기 쉽고 재미있음.
인터넷	온라인으로 구성된 쌍방향 매체. 웹사이트, 이메일, 소셜 미디어 등 다양한 형태의 플랫폼을 사용할 수 있음. 다양한 정보를 검색할 수 있지만, 누구나 정보의 생산자가 될 수 있으므로 정보의 신뢰성 여부를 잘 판단하여야 함.

정보 수집을 돕는 매체의 종류와 그 특징

연필이의 글쓰기 과정 2. 내용 생성하기

1. 생각 그물 만들기

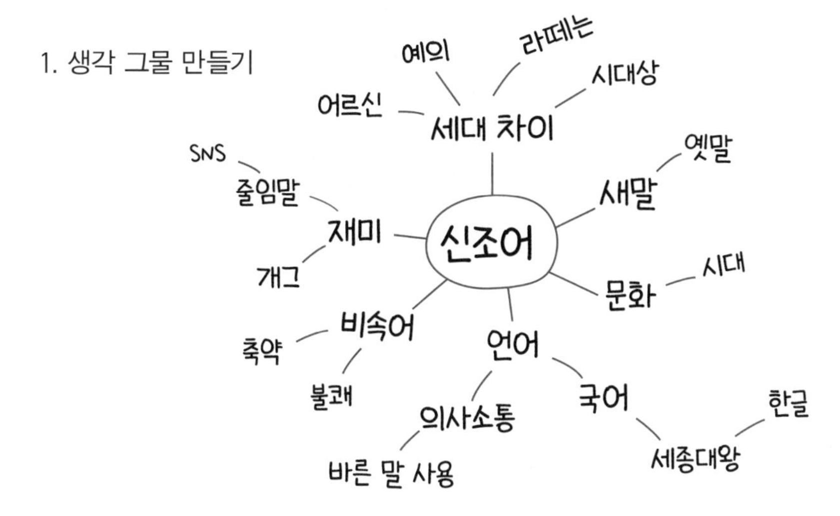

2. 책 – 표준국어대사전 '신조어' 뜻 찾기

- 신조어新造語란 '새로 생긴 말'을 뜻한다.

3. 인터넷 뉴스 기사를 통한 정보 수집

- [사설] 아름답고 독창적인 한글 파괴 어디까지…(2022.10.10./대구신문)
- 중고생 10명 중 6명, 습관적으로 줄임말, 신조어 사용(2016.10.06./연합뉴스)
- [미디어 바른말 쓰기] '꾸웨액', '추구미'…세대 간 소통을 막는 신조어(2023.9.13./뉴스핌)
- '어쩔티비, 당모치'…신조어로 느끼는 세대 차이(2022.03.10./경기청소년신문)
- '롬곡옾눞'을 아십니까…세대 간 소통 막는 암호 같은 신조어(2018.10.08./이데일리)
- 자기소개서 작성, 이것만은 제발 틀리지 말자(2019.10.08./케이엔뉴스)

통일성·응집성 있게 내용을 조직해요

'구슬이 서 말이라도 꿰어야 보배'라는 말이 있습니다. 아무리 멋진 물건이라도 쓸모 있게 다듬고 만들어야 값어치가 생긴다는 것을 말할 때 쓰는 속담이지요. 글도 마찬가지입니다. 내용을 구성하고 조직하지 않으면 낱낱의 정보에 불과할 뿐이지요.

글은 일반적으로 '처음, 중간, 끝'의 세 부분으로 나뉩니다. 설득을 목적으로 하는 글에서는 '서론, 본론, 결론'이라고 하지요. 처음 부분에는 글을 쓰게 된 계기나 동기, 독자들의 흥미를 유발하고 주의를 환기하는 내용이 드러나도록 글을 씁니다. 글의 첫인상을 좌우하는 부분이기 때문에 흥미도를 높이고 주의를 끌 수 있도록 참신하거나 공감할 만한 내용으로 시작하는 것이 좋습니다. 중간 부분에서는 말하고자 하는 중심 내용과 그것을 뒷받침하는 예시나 근거 등을 들며 글을 쓴 목적과 주제가 잘 드러나도록 전개하며 글을 씁니다. 이 부분에서 다양한 쓰기 전략과 주제를 효과적으로 드러낼 수 있는 표현 방식을 활용하며 글을 쓰는 것이 좋겠지요. 끝부분은 앞에서 말한 내용을 요약하고 정리하며 글의 주제를 강조하며 마무리합니다. 이때 끝부분에서는 향후 전망이나 글쓴이의 견해 등을 드러내며 독자들에게 생각할 여지를 남겨 두기도 합니다.

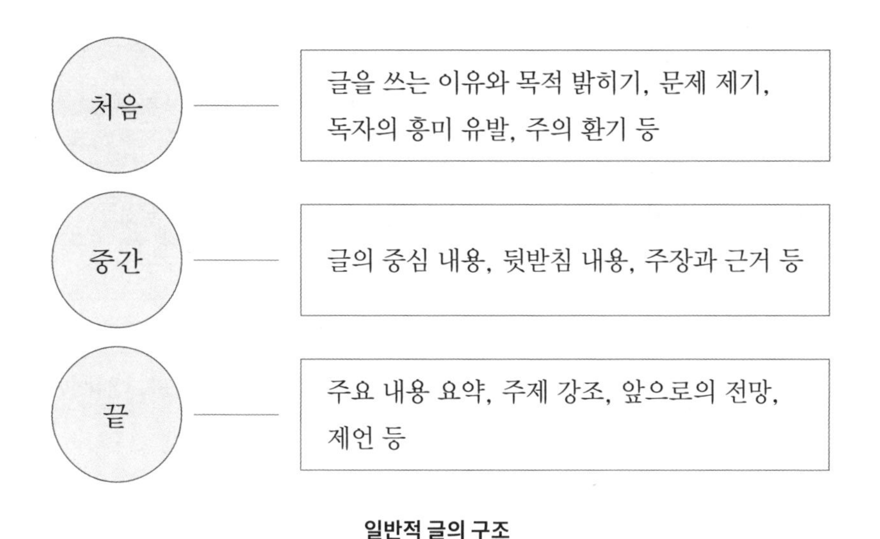

일반적 글의 구조

내용 조직 전략 - 다발 짓기와 개요 짜기

배경지식과 다양한 정보를 수집하여 쓸 내용을 생성한 뒤에는 글의 주제, 주요 내용을 바탕으로 내용의 적절성 여부를 판단하여 글에 꼭 필요한 내용을 선정해야 합니다. 글의 통일성을 해칠 수 있는 내용은 선정하거나 글의 내용에 포함해선 안 되겠지요. 생성한 내용을 바탕으로 글을 조직하는 방법으로는 '다발 짓기'와 '개요 짜기' 전략이 있습니다.

다발 짓기는 생각 묶기 전략으로, 생성한 아이디어를 관련 있는 것끼리 묶어 아이디어를 분류하고 구조화하는 활동입니다. 글의 흐름에 맞게 들어갈 내용을 비슷한 것끼리 묶는 것이죠. 소설 〈소나기〉를 예로 들어 볼까요?

일어난 일	글의 구성	주인공의 태도 변화
소년이 소녀를 만남.	**처음**	소극적인 태도
소녀와 산에 올라가 꽃도 따고 함께 즐거운 시간을 보냄. 소나기를 피해 함께 시냇물을 건넘.	**중간**	점점 적극적인 태도로 변함.
소녀가 이사 가기 전에 마음을 전달함.	**끝**	적극적인 태도

다발 짓기 예시

개요概要란 대략적인 요점을 의미하는 것으로, 개요 짜기는 글의 뼈대를 잡는 활동이며 '처음, 중간, 끝' 등의 글 구성에 맞추어 각 부분의 핵심적인 내용을 쓰는 것을 말합니다. 글의 구성을 체계적으로 정리하고자 한다면 개요표를 작성하는 것이 좋습니다. 개요표란 글의 핵심 내용을 간략하게 요약하여 정리한 표로, 글의 구조를 전체적으로 정리하여 한눈에 볼 수 있도록 간결하게 만든 것입니다. 글의 전체 구조를 미리 간략히 정리해 두면 글을 쓰면서 방향을 잃거나 통일성을 해치는 글을 쓸 가능성이 줄어들고, 글을 쓰다 막힐 염려 역시 적어집니다. 주로 중심 문장으로 구성되며 세부적인 내용도 요약하여 간단히 정리해 둘 수 있습니다.

글의 구성	핵심 내용
서론	현재 우리나라 동물원의 실태
본론	주장: 동물원을 없애야 한다. 〈근거1〉 동물의 생존 권리를 훼손하는 행위이다. – 동물의 습성 – 동물원의 실태 – 동물원에 사는 동물들의 정신 건강 분석 논문 〈근거2〉 관리가 잘 안 되는 동물원이 많다. – ○△동물원의 예시
결론	내용 요약 및 주장 강조

개요 짜기 예시

다발 짓기는 중심 문장을 적는 것이 아니라 관련 있는 정보끼리 묶는 활동이라는 점에서 개요 짜기와 차이가 있습니다.

내용 조직의 일반적 원리

내용을 조직할 때는 주제에서 벗어난 내용은 수정하면서 통일성을 유지하고 주제를 효과적으로 드러내야 해요. '통일성'과 '응집성' 있게 내용을 조직해야 하는 것이지요. 통일성이란 글이 하나의 주제로 긴밀하게 연결되는 성질을, 응집성이란 각 문장과 문장 간에 문법적으로 연결되는 성질을 의미합니다. 각각 내용과 표현 측면에서 완성된 글이 가지는 특징이라고 볼 수 있습니다. 선정한 내용을 어떤 방식으로 전개하고 구성하는지에 따라 글의 완성도와 주제의 전달력이 달라지기 때문에 통일성, 응집성 있게 글을 조직해야 합니다.

▶ tips! ◀ 완성도 높은 글을 쓰기 위해 놓치지 말아야 할 두 가지

- 통일성 : 글의 여러 내용이 하나의 주제로 긴밀하게 연결되어야 한다
- 응집성 : 글의 여러 문장은 문법적으로 긴밀하게 연결되어야 한다

내용 전개 방법

내용의 조직과 전개는 체계적이고 논리적인 사고를 반영하는 과정입니다. 조직이 실을 짜듯 내용 연결에 초점을 두었다면, 전개展開란 글의 내용을 펼쳐 나가는 방법을 의미하지요. 앞서 내용 생성 단계에서

생성한 세부적인 내용을 어떻게 전개해야 할지 모르겠다면 다른 글의 전개 방식을 참조할 수 있습니다. 주제 제시 및 예시, 문제 제기 및 문제 해결, 원인과 결과, 비교 및 대조, 선경후정先景後情(경치를 보여 준 뒤, 화자의 정서를 제시하는 방법), 유추, 역사적 사건이나 사실에 현재의 문제를 비유하거나 대조하는 방법, 객관적 사실에 대한 간략한 의견을 덧붙이는 방법 등이 주로 많이 쓰는 글 전개 방식입니다.

내용 전개 방식에는 일반적인 원리도 있습니다. 수없이 많은 글에서 주로 사용되는 원리들을 정리한 것이죠. 내용 전개의 일반 원리는 기본적으로 순서대로 전개되기 때문에 순서의 원리로 이루어집니다. 세부적으로는 전개 방식에 따라 시간적 순서의 원리, 공간적 순서의 원리, 논리적 순서의 원리로 나눌 수 있습니다. 정리하면 아래의 표와 같습니다.

시간적 순서의 원리	• 시간의 흐름이나 시간의 전후에 따라 내용 전개 • 정의, 분석, 분류, 비교·대조, 인과, 과정 등 '설명'의 내용 전개 방법 • 시간 흐름, 시점을 반영하는 '서사'의 내용 전개 방법
공간적 순서의 원리	• 원근近遠이나 좌우 등 '공간'에 따라 내용을 전개하는 것 • 대상을 그림처럼 그려 내는 '묘사'의 내용 전개 방법
논리적 순서의 원리	• 연역, 귀납, 유추 등 '논증'의 내용 전개 방법

내용 전개의 일반 원리

이제 각각의 전개 원리에 대해 좀 더 자세하게 알아볼까요?

시간적 순서의 원리에 따른 전개 방식

시간적 순서의 원리에 따른 전개 방식에는 설명, 서사의 방법이 있습니다.

전개 방식	내용	예시
설명	정의, 분석, 분류, 인과, 비교·대조, 과정, 인용 등의 설명 방식을 사용하여 전개하는 방법	동물動物이란 자율적 의지로 움직이는 생명체를 뜻한다. 동물은 사람을 제외하고 길짐승, 날짐승, 물짐승 등으로 나누어진다.
서사	시간의 흐름이나 시점의 변화 등에 주목하여 전개하는 방법	처음 집에서 나왔을 땐 해가 중천이었는데, 그곳에 도착한 것은 어느새 해가 저문 뒤였다.

설명, 서사의 전개 방식

'설명'의 전개 방식은 '정의, 분석, 분류, 비교·대조, 인용' 등 시간적 순서를 중시하지 않는 정태적靜態的 전개 방식과 '인과, 과정'처럼 시간적 순서를 중시하는 동태적動態的 전개 방식으로 더 세부적으로도 나누어 볼 수 있습니다. '설명'의 전개 방식은 어떤 대상을 독자들에게 알기 쉽게 전달하는 데 적합하며, '서사'의 전개 방식은 시간적 흐름이 중요한 사건을 서술할 때 적합한 전개 방식이지요.

공간적 순서의 원리에 따른 전개 방식

공간적 순서의 원리에 따른 전개 방식에는 공간, 묘사의 방법이 있습니다.

전개 방식	내용	예시
공간	근원近遠이나 좌우 등 공간의 이동에 따라 내용을 전개하는 방법	노새가 골목으로 뛰쳐나갔다. 어느새 횡단보도를 건넜다. 잠깐 멈칫하는 사이에 시장 골목으로 뛰쳐 들어갔다. 지나는 사람들이 모두 소리를 지르며 비켜났다. 눈 깜짝할 사이에 한강으로 가는 다리 위를 건너고 있었다.
묘사	대상을 그림처럼 세밀하게 그려 내며 내용을 묘사하는 방법	그 청종青鍾은 겉면에 푸르스름한 녹이 슬어 있었다. 하지만 400년이라는 시간이 느껴지는 오묘하고 영롱한 빛깔이었다. 스님이 종을 '뎅'하고 울렸을 때, 푸르고 서늘한 종소리가 온 산에 울려 퍼졌다.

공간, 묘사의 전개 방식

'공간'의 전개 방식은 대상의 움직임이나 위치 등을 중요하게 서술할 때 주로 사용하는 전개 방식이며, '묘사'의 전개 방식은 대상을 세밀하게 그림을 그리듯 섬세하고 생생하게 서술할 때 효과적인 전개 방식입니다.

논리적 순서의 원리에 따른 전개 방식

논리적 순서의 원리에 따른 전개 방식에는 논증의 방법이 있습니다. 논증論證이란 귀납, 연역, 유추 등의 방법을 통해 논리적으로 주장(논제)이 참임을 증명하는 방법입니다.

귀납은 구체적 사실에서 일반적 원리나 사실을 이끌어 내는 방법입니다. 그렇다면 참새, 비둘기, 까마귀, 까치가 하늘을 난다는 개별적 사례를 들어 '새는 모두 난다'라는 일반적 원리를 끌어낼 수 있을까요? 그럴듯해 보이는 논증이지만 이것은 참이 아닙니다. 닭이나 펭귄, 타조 등 예외적 사례가 존재할 수 있기 때문이죠. 따라서 개별적 사례들로부터 이끌어 낸 주장은 모든 사례를 확인한 것이 아니므로 참이라고 보기 어려울 수 있습니다. 즉, 귀납 논증의 경우 사례가 충분할수록 논증이 타당할 가능성이 높아진다는 뜻입니다. 귀납은 여러 가지 상황이나 사회 현상, 과학적 현상에 대한 관찰과 실험, 통계 분석을 바탕으로 일반적 원리인 이론과 지식을 확장하게 합니다. 자연과학, 사회 과학 등 여러 학문 분야에서 가장 일반적으로 이론 등을 확립하는 데 많이 사용하는 종류의 논증이라고 할 수 있지요.

유추는 유비추리類比推理의 준말로, 두 대상이 공통적인 성질(유사성)을 가졌음을 전제로 하여 다른 성질도 비슷할 것이라고 추리하는 것을 의미하며, 구체적인 사실에서 추론이 시작된다는 면에서 귀납 논증에 속한다고 봅니다. 지구에는 다양한 생물이 살고 있는데, 예를 들어, 화성은 지구와 환경이 비슷하므로 화성에도 지구와 같이 다양한 생물이 살 것이라고 추론했다면, 이는 화성과 지구의 환경적 유사성에 근거한 추론이므로 유추라고 볼 수 있는 것입니다.

연역은 일반적 원리나 법칙에서 구체적 사실을 끌어내는 논증 방법입니다. 일반적 원리, 법칙으로부터 시작되기 때문에 새로운 원리나 사실을 밝혀내기보다는 개별적인 사실을 증명하는 데 주로 사용되지요. 예를 들어서, '소크라테스는 죽는다'에 대한 증명을 위해 '사람이 죽기 때문이다'라는 일반적 원리를 근거로 드는 삼단 논법의 경우를 들 수 있습니다. 연역은 '대전제-소전제-결론'의 형태로 사용되는데, 결론의 내용이 근거에 포함되어 있으므로 근거로 제시된 대전제가 참이라면 결론은 언제나 참이 됩니다. 대신 대전제가 거짓이라면 결론도 거짓이 될 수 있기 때문에 반드시 참인 대전제를 설정해야만 합니다. 다음 문장을 함께 볼까요?

[대전제] 남자는 힘이 세다. (일반적 원리)
[소전제] 철수는 남자이다. ↓
[결론] 철수는 힘이 세다. (구체적 사실)

'철수가 힘이 세다'는 사실일까요? 정답은 '알 수 없다'입니다. 대전제인 '남자는 힘이 세다'가 항상 진실인 일반적 원리라고 볼 수 없기 때문이지요.

전개 방식	내용	예시
논증	•귀납: 구체적 사실에서 일반적 원리나 사실을 이끌어 내는 논증 방법 예) 소크라테스는 죽는다. 영희도 죽는다. 소크라테스, 영희는 사람이다. 사람은 죽는다.	주제: 미세플라스틱은 인체에 해로울까? A 실험에서 인체에 유해하다는 유의미한 결과가 도출되었다. B 실험에서도 인체에 유해하다는 유의미한 결과가 도출되었다. 따라서 미세플라스틱은 인체에 해롭다.
	•유추: 둘 이상의 대상이 비슷한 속성을 가진다는 것을 근거로 다른 속성도 유사할 것이라고 추론하는 논증 방법 (귀납 논증에 속함)	주제: 외래어는 우리말의 존재를 위협할까? 황소개구리는 외래종이다. 외래어도 외국에서 온 것이다. 황소개구리는 토종 개구리의 멸종을 초래했다. 외래이도 우리말에 위기를 가져올 수 있다.
	•연역: 일반적 원리나 법칙에서 구체적 사실을 이끌어 내는 논증 방법(삼단 논법) 예) [대전제] 사람은 죽는다. [소전제] 소크라테스는 사람이다. [결론] 소크라테스는 죽는다.	주제: 선풍기를 틀고 자면 죽을까? 체온이 일정 온도까지 떨어지면 죽는다. 선풍기는 체온을 그렇게까지 떨어트리진 않는다. 따라서 선풍기를 틀고 잔다고 죽진 않는다.

논리적 순서의 원리에 따른 전개 방식의 종류와 예시

연필이의 글쓰기 과정 3. 내용 조직하기

개요표 작성하기

구성	내용
서론	신조어 소개를 통한 주의 환기
본론	•주장: 신조어를 사용하면 안 된다. 근거 1. 한글 파괴 – 한글을 파괴한 예시 – 신조어의 한글 파괴에 대한 설문 조사 결과
본론	근거 2. 세대 차이와 갈등 – 세대 차이를 느낀 설문 조사 결과 근거 3. 예의 부족 – 불쾌한 신조어 예시 – 자기소개서에 사용된 신조어에 대한 인식
결론	신조어를 사용하지 말고 바른 말을 사용해야 함.

다양하고 정확한 표현을 사용해요

표현하기 단계는 앞에서 '계획'하고 '생성', '조직'한 정보를 완결된 언어의 모습으로 표현하는 단계입니다. 일반적으로 사람들이 생각하는 글쓰기 단계라고 할 수 있지요. 아무 준비 없이 글을 쓸 때와 달리, 우리는 지금까지 '계획하기, 내용 생성하기, 내용 조직하기'의 단계를 거치며 글로 표현할 수 있도록 차곡차곡 준비해 왔기 때문에 이젠 더 이상 글 쓰는 것이 두렵지 않게 되었습니다. 이제 이전 단계에서 생성했던 내용을 바탕으로 짜 두었던 조직, 전개 계획에 따라 초고를 쓰면 됩니다.

아직 다 다듬어지지 않은 글을 초고草稿라고 합니다. 글쓰기에 어려움을 겪는 대다수가 초고를 완성된 글로 인식하는 경우가 많습니다. 하지만 처음부터 완벽한 글을 써내는 사람은 없습니다. 초고는 처음으로 만들어진 글에 불과하기 때문에, 앞으로 수없이 다듬고 점검하고 수정할 것을 전제로 편안한 마음으로 쓰는 것이 좋습니다. 이렇게 생각하면 글쓰기에 대한 두려움이나 거부감도 줄어들 수 있습니다. 글쓰기의 절차에 맞게 내용을 생성하고 조직한 것을 바탕으로 글을 쓴다면 초고라 하여도 통일성 있는 좋은 글이 나올 수 있겠지요.

글쓰기 절차 중에서 가장 중요하고 핵심적인 과정이 표현하기 단계입니다. 아무리 글쓰기 과정을 완벽하게 계획하고, 내용을 생성하고, 짜임새 있게 조직했다고 하더라도 글로 표현되지 않는다면 아무 의미가 없기 때문입니다.

그렇다면 어떻게 표현해야 할까요? 어떻게 써야 좋은 글이 될까요?

먼저, 쓰기 맥락을 고려하여야 합니다. 어떤 주제를 전달하고자 하는지, 글을 쓰는 목적이 무엇인지, 예상 독자들의 배경지식, 흥미, 요구는 어떠한지, 전달하고자 하는 매체 특성에 어울리는 방식으로 쓰이고 있는지 등을 고려하며 표현해야 합니다. 글쓴이가 의도했던 대로 독자들에게 자신의 뜻을 전달하기 위해서는 주제나 맥락에 알맞은 어휘를 선택하고 어법에 맞는 문장으로 표현해야 하겠지요. 물론, 글쓴이의 의도를 더욱 효과적으로 표현하기 위해서는 개성 있는 문체를 사용한다든지, 필요에 따라 그림과 도표를 활용하거나 다양한 표현 방법을 사용할 수도 있습니다.

어법과 상황에 맞게 정확하게 표현하기

글쓰기의 가장 기본 중 하나는 적절하고 정확한 어휘와 문장, 어법을 익혀 글을 작성해야 한다는 것입니다. 친구들과 온라인 대화를 나누던 중 아래와 같은 상황을 겪어 본 적 있나요?

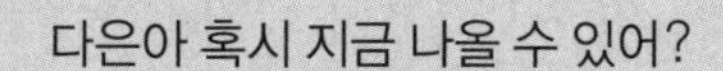

다으닝

아니 안 될 것 같아.. ㅠㅠ

왜..?ㅠㅠ

다으닝

엄마가 된장찌게를 만들어서 지금 먹고 있는 중이거던..ㅠㅠ 쪽음만 빨리 말했으면 않 먹었을텐데..

너 지금 밥이 중요한 게 아닌 거 같아..
나와서 맞춤법 공부 좀 하자 ㅋㅋㅋㅋ

어법에 맞는 표현은 글의 인상이나 신뢰도에 큰 영향을 미칩니다. 어법은 가장 기본으로 갖추어야 할 조건이기 때문에, 이를 갖추지 못한 글이라면 더욱 문제가 되겠지요. 어법이 미흡한 글은 의미 전달에도 어려움을 줄 수 있습니다. 따라서 정확한 표기와 적절한 표현이 이루어져야 하며, 문장 성분의 호응이 문법적, 의미적으로 적절해야 합니다. 같은 내용이더라도 글에 어떤 어휘를 사용했느냐, 어떤 문장을 사용했느냐에 따라 의미가 매우 달라질 수 있기 때문이지요.

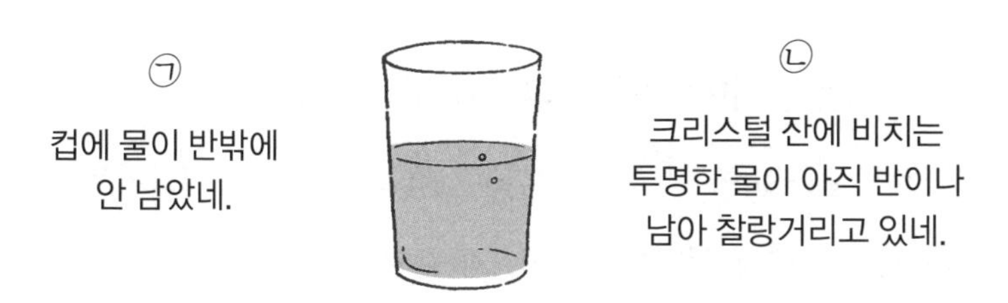

같은 장면, 다른 표현

㉠과 ㉡의 표현 중 어떤 것이 더 좋은 표현일까요? 개인적 선호에 따라 답변이 나뉠 수도 있겠지만, 정답은 '상황에 따라 다르다'입니다. 만약 논리적이고 과학적이며 객관적인 글이라면 ㉠의 표현이 더 적절할 것이고, 문학적인 글이라면 ㉡의 표현이 적절할 것입니다. 이처럼 어휘나 문장을 선택할 때에는 글의 맥락이나 내용도 중요하게 고려해야 합니다. 어휘와 문장은 글의 주제, 목적, 예상 독자의 수준이나 관심 정도 등을 고려하여 표현하여야 하는 것이지요. 글의 내용이 건의하는 것인지 설득하는 것인지 설명하는 것인지에 따라 사용되는 어휘와 문장이 다를 것이고, 예상 독자가 초등학생인지 대학생인지에 따라 어휘 선택이나 문장의 길이 등이 달라질 것입니다. 독자가 어리거나 배경지식이 적다면 쉬운 어휘와 짧은 문장으로 쉽게 설명해야 할

것이니까요. 따라서 어휘나 문장은 어법에 맞게, 그리고 글의 상황 맥락을 고려하여 선택해야 합니다.

다양한 표현 방법이나 문체, 그림과 도표 활용하기

밋밋한 글을 읽어 본 적이 있나요? 책을 읽다가 재미없어서 하품이 나온 적은요? 아래 두 문장을 비교해 볼까요?

- *비가 하루 종일 내린다.*
- *하루 종일 내린다. 비가. 마치 천사의 눈물처럼.*

어떤 문장이 비가 오는 상황을 더 생생하게 묘사하고 있는 것으로 보이나요?

표현이 너무 단조롭거나 심심하고 진부하면 전달력이 떨어지고 독자들의 흥미가 떨어집니다. 여러분도 글을 읽으며 경험해 본 적이 있을 거예요. 다양한 표현 방법을 활용하거나 개성적인 문체를 사용하고, 그림과 도표 등의 시각 자료를 적절하게 활용하면 내용의 이해를 돕고 전달력을 높이며 독자들의 흥미와 집중력을 높일 수 있습니다. 표현 방법이나 문체, 그림과 도표 등을 사용할 때도 글의 주제와 목적, 예상 독자, 글의 내용 등 글쓰기 상황과 내용을 고려하여 적절한 표현을 사용하여야 그 효과가 극대화될 수 있습니다.

글을 쓸 때 사용할 수 있는 다양한 표현 방법에는 비유법, 변화법, 강조법이 있습니다.

비유법은 어떤 대상을 다른 대상에 빗대어 표현하는 것으로, 이해를 돕거나 생생한 현장감을 느낄 수 있도록 해줍니다. 대표적인 예로 직유법, 은유법, 풍유법 등이 있지요.

직유법	공통점을 가진 두 대상을 '~처럼', '~같이' 등의 표현을 사용하여 직접적으로 비유하는 방법 예) 사과 같은 내 얼굴, 사과처럼 예쁜 내 얼굴
은유법	공통점을 가진 두 대상을 ~은 ~이다 형식으로 은근히 비유하는 방법 예) 내 마음은 호수요. 그대 노 저어 오오.
풍유법	속담, 우화, 일화 등을 이용하여 간접적으로 풍자해 표현하는 방법 예) 발 없는 말이 천 리 간다더니

비유법의 종류

변화법은 글의 표현이나 내용 전개에 변화를 주기 위한 방법으로, 글의 단조로움을 막아 주는 표현법입니다. 대표적인 예로 설의법, 인용법, 도치법, 반어법, 역설법 등이 있습니다.

설의법	청자나 독자에게 질문을 던져 그 스스로 결론을 내리게 하는 표현 방법 예) 이처럼 아름다운 사람이 어디 있는가?
인용법	다른 사람의 말이나 글, 격언, 속담, 고사 등의 예화를 인용하여 자기 주장의 신뢰도를 높이는 표현 방법 예) 소크라테스는 "너 자신을 알라"고 하였다.
도치법	어순을 바꾸어 특정 의미를 강조하고 문장에 변화를 주는 표현 방법 예) 나는 아직 기다리고 있을 테요. 찬란한 슬픔의 봄을
반어법	겉 표현과 속마음을 반대로 나타내어 효과를 높이는 표현 방법 예) 나 보기가 역겨워 가실 때에는 죽어도 아니 눈물 흘리우리다.
역설법	표현된 말이 모순처럼 보이지만 실제는 진실하고 깊은 뜻을 보여 주는 표현 방법 예) 찬란한 슬픔의 봄

변화법의 종류

강조법은 글의 내용이나 글쓴이의 의도를 강조하기 위한 방법으로 표현하고자 하는 바를 더 정확하고 힘 있게 드러내는 표현법입니다. 대표적인 예로, 과장법, 열거법, 연쇄법, 점층법, 대조법 등이 있지요.

과장법	어떤 사물을 실제보다 확대하거나 축소하여 강조하는 표현 방법 예) 집채 같은 파도
열거법	어떤 사물을 나열하면서 강조하는 표현 방법 예) 별 하나에 추억과, 별 하나에 사랑과, 별 하나에 쓸쓸함과, 별 하나에 동경과, 별 하나에 시와, 별 하나에 어머니, 어머니

연쇄법	앞말을 이어서 계속 표현하는 표현 방법 예) 흰 눈은 내려, 내려서 쌓여, 내 슬픔 그 위에 고이 서리다.
점층법	점점 갈수록 뜻이 강하고 커지게 하는 표현 방법 예) 눈은 살아있다. 떨어진 눈은 살아있다. 마당 위에 떨어진 눈은 살아있다.
대조법	상반되는 내용을 대조시켜 강조하는 표현 방법 예) 영희의 눈은 게슴츠레하니 작고, 철수의 눈은 부리부리하게 컸다.

강조법의 종류

문체란 글의 표현에 드러나는 개성적 특색으로, 글에 쓰인 어휘, 문장 등에 의해 드러납니다. 구어체인지, 문어체인지, 한자어 사용이 많은지, 문장 구조가 간결한지 등이 문체에 해당하는 것으로, 글쓰기 맥락에 따른 상황, 목적, 예상 독자 등에 맞는 문체를 사용하는 것이 좋습니다. 예를 들어, 논문에는 전문적인 용어를 많이 사용하고, 편지에는 친근함을 위해 구어체를 주로 사용하며, 광고나 홍보 문구에는 감각적인 어휘 및 짧고 간결한 문장이 많은 것 등이 그러하지요.

구어체 口語體	일상생활에서 사용하는 말로, 편안하게 대화하듯이 말하는 문체 예) 거기 누구 있어요?, 그렇게 말하는 사람은 처음 봤어요.
문어체 文語體	글에서 주로 사용하는 말로, 다소 오래된 시대의 어투가 묻어나거나 딱딱한 느낌을 주는 문체 예) 거기 누구 있소?, 그렇게 말하는 이는 처음 보았다.

문체의 두 종류

그림이나 도표를 효과적으로 사용하는 것도 중요합니다. 그림이나 도표는 내용을 입체적으로 전달하는 특징이 있습니다. 문자 언어로만 표현하면 전달 효과가 떨어지는 경우가 있지요. 예를 들어, 안내문이나 통계 자료가 있는 경우 약도나 그래프 등을 사용하면 독자의 이해도가 높아집니다. 모든 글에 필요한 것은 아니기 때문에 독자들이 배경지식을 많이 가지고 있는지 그렇지 않은지 등을 살펴보고 필요성을 따져서 적절하게 사용하는 것이 좋습니다. 만약 예상 독자의 배경지식이 풍부할 것으로 생각된다면 그림, 도표 등이 많이 들어가진 않아도 되겠지요. 한편, 그림과 도표에 들어가는 내용은 정확해야 합니다. 글의 이해를 돕기 위해 사용한 자료에 오류가 있거나, 불필요한 그림이나 도표가 굳이 들어가서는 안 된다는 것이죠. 즉, 그림, 도표 등을 사용할 때는 정확성과 적절성에 주의해야 합니다. 예를 들어, 다음과 같은 글의 경우에는 선호하는 대상의 비중을 알기 쉽게 원그래프를 활용하여 가시화可視化하는 것이 글을 이해하는 데 도움을 주는 효과적인 표현 방법이 될 것입니다.

우리 반 학생 30명을 대상으로 한 중식 선호도 설문 조사(20XX년 4월 10일~15일) 결과, 짜장면이 좋다고 답변한 사람은 15명으로 50%, 짬뽕이 좋다고 답변한 사람은 9명으로 30%를 차지했다. 볶음밥이 좋다고 한 사람은 6명으로 20%였다. 따라서 짜장면이 좋다고 한 학생이 50%로, 가장 많은 것으로 집계되었다.

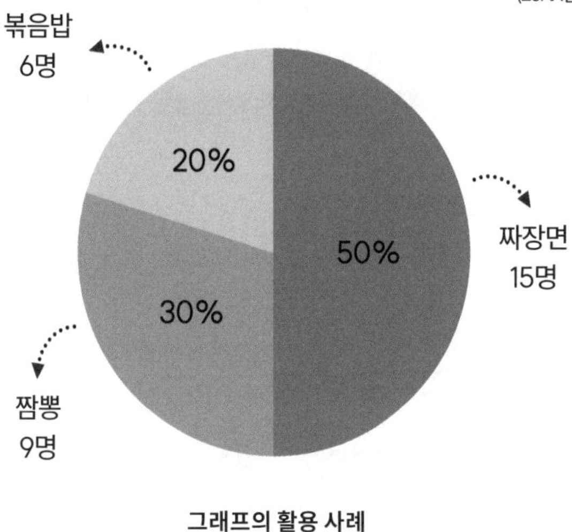

그래프의 활용 사례

글쓰기 과정이 문제 해결 과정이라고 했던 것, 잊지 않았지요? 글을 쓰면서 끊임없이 생각하고 글쓰기 과정에서 부딪히는 여러 가지 문제 상황에 대응하며 알맞은 해결 방법을 찾아 글을 써 나가야 합니다. 다음의 내용에 유의하면서 글을 써 보세요.

▶ tips! ◀ 글로 표현할 때 유의 사항

- 표기의 정확성, 표현의 적절성, 문장 성분의 호응 등을 확인
- 글의 통일성, 응집성을 생각하며 앞서 짜임새 있게 조직한 내용을 문장 > 문단 > 글의 순서로 완성

- 각 문단에 하나의 중심 내용이 들어가도록 유의
- 문장 간의 관계가 긴밀하게 연결될 수 있도록 유의(응집성)
- 글 전체적으로 의미상 흐름을 깨는 부분이 없도록 유의(통일성)
- 어휘나 문장을 글의 목적, 예상 독자의 수준 등을 고려하여 선정
- 개성 있는 문체, 그림이나 도표 사용은 글의 종류, 주제, 중심 내용에 적절히 부합하는 것으로 선택
- 여러 가지 표현 방법을 효과적으로 사용해야 함(비유법, 변화법, 강조법 등)

비유법	다른 어떤 대상과 견주어 표현하는 방법 (직유, 은유, 풍유 등)
변화법	글의 표현이나 내용 전개에 변화를 주기 위한 방법 (설의, 인용, 도치, 반어, 역설 등)
강조법	글의 내용이나 글쓴이의 의도를 강조하기 위한 방법 (과장, 열거, 점층, 대조 등)

연필이의 글쓰기 과정 4. 표현하기

당신의 언어생활은 안녕하신가요?

당신은 신조어 사용에 대해 어떻게 생각하는가? '박박', '어쩔티비', '꾸웨액' 등의 단어들의 뜻을 아는가? 차례대로 '대박', '어쩌라고 TV나 봐', '후회해'의 뜻을 가지고 있다. 처음 알게 되었다면 놀랄 수 있는 뜻도 있을 것이다. 사람들은 일상생활에서 위와 같은 신조어들을

매일같이 사용하고 있다. 나는 이 신조어들을 사용하면 안 된다고 생각한다.

먼저, 신조어는 한글을 파괴한다. 신조어 중엔 신조어를 사용하지 않고 표현할 수 있는 것들이 있다. 예를 들어 위에서 소개한 '박박'이라는 단어가 있다. 뉴스 기사(2022.10.10., 대구신문)에 따르면 정부가 '동사무소'를 '주민센터'로 또 '민원도우미'를 '옴부즈맨'으로 바꿨다고 한다. 사람들이 바뀐 단어에 익숙해지면 원래 있던 단어는 점점 잊혀 가고 결국엔 사라진다. 사람들의 반응은 어떨까? 뉴스 기사(2016.10.6., 연합뉴스)에 따르면 중고생 4,809명을 대상으로 설문 조사를 한 결과 응답자의 84.3%가 '신조어 사용이 한글을 훼손시킨다'라고 답했다.

다음으로, 신조어로 인한 세대 차이와 갈등이 생긴다. 뉴스 기사(2022.3.10., 청소년 기자단)에 따르면 잡코리아와 알바몬이 2017년 20대~40대 직장인 854명을 설문 조사한 결과, 89.2%의 직장인이 신조어로 인한 세대 차이를 느낀 적이 있다고 답했다. 신조어가 만들어지고 세대 간 차이가 생기면 결국 세대 간 소통이 단절될 수 있다. 또 다른 뉴스 기사(2018.10.8., 이데일리)에 따르면 SNS에서 커뮤니티의 소속감을 강화하고 타인의 접근을 배척하기 위한 수단으로 신조어를 사용한다고 한다. 이러한 현상으로 신조어로 인한 소속 간 갈등이 생길 수도 있다.

마지막으로, 신조어 사용은 예의가 부족해 보인다. 뉴스 기사(2019.10.8., 케이엔뉴스)에 따르면 구인·구직 매칭 플랫폼 사람인이 기업 인사 담당자 225명을 대상으로 설문 조사를 한 결과 42.7%가 신조어나 줄임말을 쓴 자기소개서를 본 적이 있다고 답했고, 그중 46.9%가 예의 없어 보인다는 인상을 받았다고 한다. 공식적인 일에 신조어를 사용하는 것은 예의가 부족한 행동이고 조심해야 하는 일이다. 신조어 중에는 다른 사람을 혐오하는 것들도 존재한다. 잡코리아가 직장인 854명을 대상으로 '신조어 사용 현황'에 대해 설문 조사한 결과 가장 불쾌한 신조어는 '○○충'이라는 표현으로, 특정한 사람에 대한 혐오감을 벌레에 빗대 이르는 것이었다. 이런 표현이 자신에게 사용된다면 신조어에 대해 다시 한번 생각하게 될 것이다.

이러한 근거들로 나는 신조어를 사용하면 안 된다고 생각한다. 이 글을 읽는 당신들도 신조어 사용에 다시 한번 생각해 봤으면 좋겠고, 이제부터는 일상생활에서 신조어보다는 바른 우리말을 사용하도록 노력해 봤으면 좋겠다.

쓰기 과정을 점검·조정하며 고쳐쓰기 해요

고쳐쓰기

《샬롯의 거미줄》의 작가인 엘윈 브룩스 화이트는 고쳐쓰기의 중요성을 강조하는 다음과 같은 명언을 남겼습니다. "위대한 글쓰기는 존재하지 않는다. 오직 위대한 고쳐쓰기만 존재할 뿐이다."

'고쳐쓰기'는 글의 내용과 형식을 바로잡는 활동입니다. 고쳐쓰기를 하면 처음 글을 쓸 때 생각하지 못했던 내용이 떠오르거나 글을 전체적인 관점에서 짜임새 있게 정돈하고, 통일성 있게 구성할 수 있습니다. 글을 잘 쓰는 사람은 계속해서 초고를 수정하는 특징이 있다고 합니다. 결코 처음 쓴 초고를 완성된 글로 보지 않고, 글의 목적, 주제, 독자, 중심 내용, 내용의 흐름 등을 고려하여 계속해서 수정하는 것이지요. 글쓴이 스스로 글을 점검하고 고쳐 쓰는 것에서 더 나아가 자신의 글에 대한 다른 사람의 평가를 바탕으로 고쳐 쓸 수도 있지요.

고쳐쓰기의 원리

고쳐쓰기의 원리에는 삭제, 추가, 대치, 재구성이 있습니다. 어렵게 느껴지는 친구들은 빼기, 더하기, 바꾸기로 기억해도 좋습니다. 글의 주제와 맞지 않거나 관련이 적은 내용을 빼는 '삭제', 글의 주제를 효과적으로 전달하는 데 필요한 내용을 더하는 '추가', 독자의 수준이나 주제, 문맥 등에 맞지 않는 내용이나 표현을 적절한 것으로 대신 바꾸는 '대치', 내용의 순서나 글의 구조 등을 적절하게 바꾸는 '재구성'을 통해 글을 다시 점검하고 조정하며 고쳐 쓸 수 있어요.

글의 수준에 따른 고쳐쓰기

고쳐쓰기는 글 전체 수준에서 시작하여 문단, 문장, 단어 순서로 고쳐 쓰는 단위를 줄여 가는 것이 효과적입니다. 각각의 수준에서 다음과 같은 내용을 점검하며 고쳐 쓸 수 있습니다.

구분	점검 내용
글 수준	• 글의 주제가 잘 드러나는가? • 글의 목적에 맞게 썼는가? • 글의 구성이 체계적인가? • 글의 주제와 내용이 잘 드러나는 제목인가?
문단 수준	• 한 문단에 하나의 중심 내용을 포함하는가? • 각 문장은 문단의 중심 내용을 뒷받침하는가? • 문단의 길이는 적절한가?

문장 수준	• 문장의 의미가 명확하게 드러나는가? • 문장의 호응 관계가 적절한가? • 문장의 길이가 적절한가?
단어 수준	• 사용한 단어가 문맥에 맞게 적절한가? • 사용한 단어가 맞춤법에 맞는가? • 독자의 수준을 고려해 사용되었는가?

글의 수준에 따른 고쳐쓰기 점검 내용

글쓰기 과정을 점검하고 조정하기

글쓰기가 문제 해결 과정이라고 했던 것 생각나나요? 글을 쓰면서 문제 해결의 전략을 평가하고, 점검하며 조정하는 과정은 굉장히 중요합니다. 글쓰기 과정은 순서대로 이루어지는 것 같지만 사실 각 과정에서 끊임없이 문제 상황에 직면하면서 글의 주제, 목적, 독자, 매체에 맞게 글쓰기의 단계가 이루어지고 있는지 점검하고, 만약 적절하지 않다면 수정하는 회귀적 과정입니다. 조정하기는 전략의 적절성, 효율성을 평가하면서, 적절성과 효율성이 떨어진다면 다시 전략을 짜는 과정입니다. 자신의 글쓰기 과정을 계속해서 점검하고 조정하는 것을 '메타 인지(metacognition, 상위 인지)'라고 합니다. 적절성과 효율성이 있다고 평가된 것은 유지하고 부족하다고 판단된 것은 대안을 찾아 교체하는 이러한 과정은 머릿속에서 매우 신속하게 전개됩니다. 심지어 고쳐쓰기 과정도 적절하지 않다고 생각되면 고쳐쓰기 할 수 있습니다. 고쳐쓰기 과정도 점검·조정할 수 있는 것이지요. 고쳐쓰기 과정

자체를 검토함으로써 글의 내용, 전개, 표현의 수정 보완에 큰 도움이 될 수 있습니다. 고쳐 쓰기를 글쓰기 과정의 완성 단계로 보는 것이 아니라 글쓰기의 하위 단계로 보는 관점이 반영된 것이라고 할 수 있지요. 이러한 관점에서 처음에 배웠던 글쓰기의 절차는 다음 그림처럼 바꾸어 볼 수 있겠네요. 글쓰기의 모든 과정은 끊임없이 점검하고 조정하며 수정할 수 있는 과정입니다.

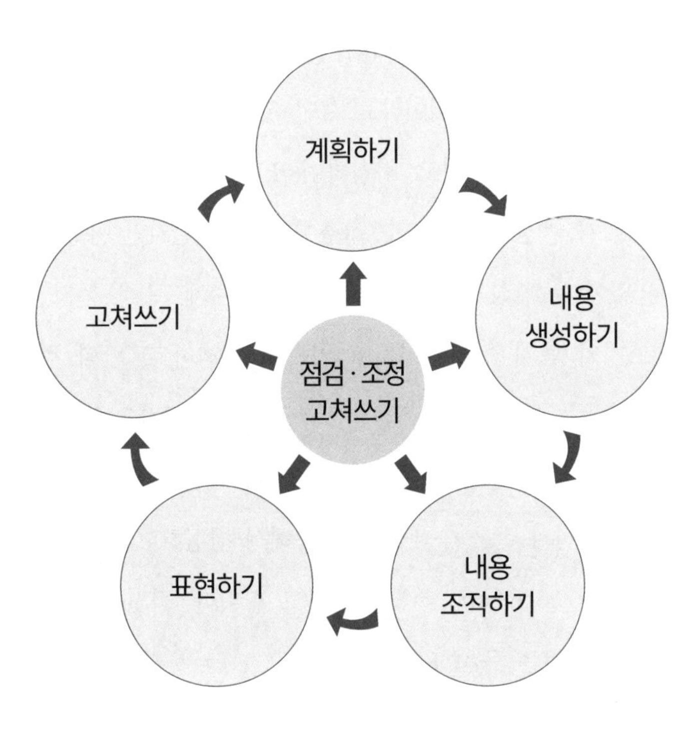

글쓰기의 유기적 절차

좋은 글을 쓰기 위해서는 어떻게 해야 할까요? 다시 첫 질문으로 돌아가 봅시다. 우리는 앞에서 글쓰기 절차에 맞게 점검하고 조정하며 글을 써나가면 된다고 배웠습니다. 집을 지을 때 무턱대고 집을 지으면 무너질 수 있지만, 건축 과정을 계획하고, 사용할 자재들을 모으고, 설계도를 그리고, 책임감 있게 시공하면 훌륭하고 튼튼한 집을 지을 수 있겠지요. 글을 쓰는 과정도 이와 같습니다. 글쓰기의 전체 과정을 계획하고, 생성된 내용을 바탕으로 중요한 내용들을 선정하여 짜임새 있게 조직합니다. 정확하고 다양한 표현을 사용하여 통일성, 응집성 있게 초고를 작성하고, 쓰기 맥락에 맞는지 점검하고 조정하면서 고쳐 쓰는 과정을 거쳐 글을 완성한다면, 체계적이고 효과적인 글을 쓸 수 있을 것입니다. 이러한 목적 지향적이고 유기적인 과정이 글쓰기임에 유의하면서, 다음 장에서는 다양한 목적과 유형의 글을 쓰는 방법을 더 세부적으로 알아보도록 합시다.

▶ tips! ◀ 글쓰기 과정의 점검 내용

- 글쓰기 과정에 충실하게 수행되었는가?
- 글쓰기 계획에 부합하는가?
- 글쓰기의 맥락과 상황을 고려하였는가?
- 글쓰기 과정에 따른 검토와 글의 통일성, 응집성에 따른 검토가 이루어졌는가?

연필이의 글쓰기 과정 5. 고쳐쓰기

단어 사용
당신의 ~~언어생활~~은 안녕하신가요?

여러분은
~~당신은~~ 신조어 사용에 대해 어떻게 생각하는가? '박박', '어쩔티비', '꾸웨액' 등의 단어들의 뜻을 아는가? 차례대로 '대박', '어쩌라고 TV나 봐', '후회해'의 뜻을 가지고 있다. 처음 알게 되었다면 놀랄 수 있는 뜻도 있을 것이다. 사람들은 일상생활에서 위와 같은 신조어들을 자주 ~~매일 같이~~ 사용하고 있다. 나는 ~~이~~ 신조어들을 사용하면 안 된다고 생각한다.

신조어新造語란 새로 생긴 말을 뜻하는 것으로, 새로운 사물이나 개념, 현상 등을 지칭하기 위해 만들어지는 말이다.
~~먼저,~~ 신조어는 한글을 파괴한다. 신조어 중엔 신조어를 사용하지 않고 표현할 수 있는 것들이 있다. 예를 들어 위에서 소개한 '박박'이라는 단어가 있다. 뉴스 기사(2022.10.10., 대구신문)에 따르면 정부가 '동사무소'를 '주민센터'로 또 '민원도우미'를 '옴부즈맨'으로 바꿨다고 한다. 사람들이 바뀐 단어에 익숙해지면 원래 있던 단어는 점점 잊혀 가고 결국엔 사라진다. 사람들의 반응은 어떨까? (뉴스 기사(2016.10.6., 연합뉴스)에 따르면) 중고생 4,809명을 대상으로 설문 조사를 한 결과 응답자의 84.3%가 '신조어 사용이 한글을 훼손시킨다'라고 답했다.

다음으로, 신조어로 인한 세대 차이와 갈등이 생긴다. (뉴스 기사(2022.3.10., 청소년 기자단)에 따르면) 잡코리아와 알바몬이 2017년 20대~40대 직장인 854명을 설문 조사한 결과, 89.2%의 직장인이 신조어로 인한 세대 차이를 느낀 적이 있다고 답

> 〈글 수준〉 이 글의 주제는 신조어 사용인데 제목의 '언어 생활'은 너무 포괄적인 것 같아. '단어 사용'으로 바꾸면 어떨까?

> 〈문장 수준〉 신조어의 정의가 들어가면 좋을 것 같아.

> 〈단어 수준〉 '당신은', '매일 같이'는 다른 단어로 바꾸는 것이 더 좋겠어. '이', '먼저' 등은 의미상 맞지 않아서 삭제하면 어떨까?

했다. 신조어가 만들어지고 세대 간 차이가 생기면 결국 세대 간 소통이 단절될 수 있다. (또 다른 뉴스 기사(2018.10.8., 이데일리)에 따르면) 사람들은 SNS에서 커뮤니티의 소속감을 강화하고 타인의 접근을 배척하기 위한 수단으로 신조어를 사용한다고 한다. 이러한 현상으로 신조어로 인한 소속 간 갈등이 생길 수도 있다.

〈문장 수준〉 뉴스 기사를 인용한 것이 너무 많아서 문장이 명료하게 전달되지 않는 것 같아. 생략해도 괜찮은 부분은 생략하자. 문장의 호응이 맞지 않는 부분도 수정하는 것이 좋겠어.

마지막으로, 신조어 사용은 예의가 ~~부족해 보인다~~ 부족해 보일 수 있다. (뉴스 기사(2019.10.8., 케이엔뉴스)에 따르면) 구인·구직 매칭 플랫폼 사람인이 기업 인사 담당자 225명을 대상으로 설문 조사를 한 결과 42.7%가 신조어나 줄임말을 쓴 자기소개서를 본 적이 있다고 답했고, 그중 46.9%가 예의 없어 보인다는 인상을 받았다고 한다. 공식적인 일에 신조어를 사용하는 것은 예의가 부족한 행동이고 조심해야 하는 일이다. 신조어 중에는 다른 사람을 혐오하는 ~~것들도~~ 표현들도 존재한다. 잡코리아가 직장인 854명을 대상으로 '신조어 사용 현황'에 대해 설문 조사한 결과 가장 불쾌한 신조어는 '○○충'이라는 표현으로, 특정한 사람에 대한 혐오감을 벌레에 빗대 이르는 것이었다. 이런 표현이 자신에게 사용된다면 신조어에 대해 다시 한번 생각하게 될 것이다.

이러한 근거들로 나는 신조어를 사용하면 안 된다고 생각한다. 이 글을 읽는 ~~당신들도~~ 여러분도 신조어 사용에 다시 한번 생각해 봤으면 좋겠고, 이제부터는 일상생활에서 신조어보다는 바른 우리말을 사용하도록 ~~노력해 봤으면~~ 노력하면 좋겠다.

〈문단 수준〉 결론 부분이 너무 짧은 것 같아. 본론 내용을 요약해서 추가하는 편이 좋겠어. 너무 급하게 마무리하는 느낌이 들어.

신조어를 사용하게 되면 기존의 우리말이 가진 아름다움을 파괴하게 되고 그 말의 뜻을 모르는 사람들을 소외시키며 세대 차이나 소통 집단 간의 갈등을 일으킬 수 있다. 또한 예의 없어 보이는 인상을 주어 사회 생활에 문제가 생길 수도 있다.

이것만은 알아 두세요

글쓰기 단계	주요 내용
계획하기	• 상황 맥락 파악: 글의 목적, 주제, 독자(지식수준, 흥미, 요구), 매체 • 사회적·문화적 맥락 파악 • 글쓰기의 각 단계 계획
내용 생성하기	• 배경 지식 활용 • 매체를 통한 정보 수집 • 창의적 활동, 체계적 활동 등을 통해 내용 생성 – 창의적 활동: 브레인스토밍, 자유롭게 쓰기, 생각 그물 만들기 등 – 체계적 활동: 내용 구조도 작성
내용 조직하기	• '처음–중간–끝(서론–본론–결론)' 세 부분으로 구성 • 내용 조직의 일반적 원리 – 통일성: 글의 내용이 하나의 주제로 긴밀하게 연결되어야 함. – 응집성: 여러 문장이 문법적으로 긴밀하게 연결되어야 함. • 내용 조직 전략: 다발 짓기, 개요 짜기 • 다양한 내용 전개의 방법을 활용하여 전개 – 시간적 순서의 원리: 정의, 분석, 분류, 인과, 과정, 비교·대조 등 설명의 방법, 시간적 순서로 전개하는 서사의 방법 – 공간적 순서의 원리: 근원이나 좌우 등의 공간, 묘사 등의 전개 방법 – 논리적 순서의 원리: 논증의 전개 방법(연역, 귀납, 유추 등)
표현하기	• 다양한 표현 방법 활용: 비유법, 변화법, 강조법 등 • 문법적으로 정확한 표현 사용 • 개성적 문체, 그림이나 도표 사용

고쳐쓰기	• 삭제, 추가, 대치, 재구성의 원리 • 글 전체 수준, 문단 수준, 문장 수준, 단어 수준의 순서로 고쳐쓰기
점검하기	• 글쓰기의 상황 맥락(주제, 목적, 독자, 매체)에 적절하게 글쓰기가 이루어지고 있는지 점검 • 모든 과정에서 점검, 조정이 이루어질 수 있음.

풀어 볼까? 문제!

※ 글을 쓰기 전 작성한 다음 〈표〉를 보고 물음에 답해 봅시다.

(가) 글의 목적 : '우리나라의 김치'를 소개하는 글 쓰기		
(나)	(다)	(라)
• 초등학생 • 고등학생 • 외국인	• 김치의 우수성 • 김치의 역사 • 김치로 만들 수 있는 음식 이야기	• 신문 • 누리 소통망(SNS) • 소책자 홍보물 • 광고 포스터

1. (나), (다), (라)에 들어갈 알맞은 말을 쓰세요.

2. (가)~(라)를 통틀어 무엇이라고 하는지 쓰세요.

3. (나)~(라)에서 한 가지씩 선택하여 글쓰기 계획을 세워 봅시다.

4. 다양한 자료를 수집하여 정리한 다음, 글에 적절한 내용을 선정해 봅시다.

자료의 종류 (예: 책, 뉴스 기사 등)	자료의 내용	출처	내용 선정 (V 표시하기)

5. 선정한 내용을 적절하게 배열하여 짜임새 있게 개요를 작성해 봅시다.

처음 (대상 소개)	
중간 (구체적 설명)	
끝 (요약 및 정리)	

5. 선정한 내용을 적절하게 배열하여 짜임새 있게 개요를 작성해 봅시다.

6. 3~5번 활동을 바탕으로 초고를 써 봅시다.

7. 다음 평가 항목에 따라 자신의 글을 평가해 봅시다.

평가 내용	평가
주제가 명확하고 분명하게 드러나는가?	☆ ☆ ☆
예상 독자와 글의 목적에 맞는 내용인가?	☆ ☆ ☆
매체에 어울리는 내용과 형식인가?	☆ ☆ ☆
단어의 사용이나 문장의 호응이 적절한가?	☆ ☆ ☆
문단 간 연결이 자연스러운가?	☆ ☆ ☆
자료는 신뢰할 만하고, 그 출처를 정확히 밝혔는가?	☆ ☆ ☆

8. 6번 활동을 바탕으로 글을 고쳐 써 봅시다.

정답

1. (나): 예상 독자, (다): 목적, (라): 매체

2. (글쓰기의) 상황 맥락

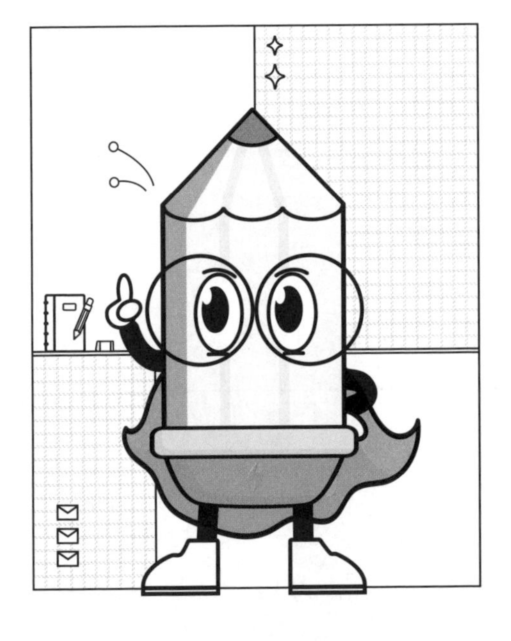

Part 3. 어떤 글을 써야 할까요?

정보를 전달하는 글을 써요

주장하는 글을 써요

감동이나 즐거움을 주는 글을 써요

〈 3모둠: 우주 최강 모둠(지호, 하은, 선우, 서현)  

지호

얘들아~ 우리 사회 조사 보고서 제출이
이제 한 달 남았는데 어떻게 할까? 〉_〈

주제를 먼저 정해야 하지 않을까? '−'

하은

조사 보고서는 어떻게 써야 하지?

선우

일기처럼 느낀 점을 자유롭게 쓰면
되지 않을까? 'o'

서현

보고서는 일기랑 다르지 않을까?

선우

그런가, 그냥 글쓰기는
다 똑같은 거 아니야?

지호

선생님이 조사 보고서는 과정과 결과를
꼭 쓰라고 하셨는데...

서현

아, 막막하다.
보고서 왠지 어려운 느낌이야.

하은

조사 보고서 쓰기, 아! 글 종류마다
쓰는 방법이 다르다고 배웠던 거 같
은데? 〉.〈

아! 맞아! 국어 시간에 배웠던
글 쓰는 법을 다시 찾아보자!

⊕ ☺ #

정보를 전달하는 글을 써요

우리는 살아가면서 많은 정보를 얻고 또 나누고 있지요. 여러분은 어디에서 어떻게 정보를 얻나요? 친구에게 어떤 소식을 전달받기도 하고, 텔레비전이나 인터넷 뉴스 등을 통해 새로운 소식을 접하기도 하지요. 길을 걷다가 벽에 붙어 있는 공사 안내문을 보고 그 길이 공사 중이니 돌아가야 한다는 것을 알게 되기도 해요. 학교에 가면 가정 통신문을 통해서 학교에서 일어나는 행사에 대한 정보를 얻기도 해요. 우리가 학교 수업 시간에 사용하는 교과서 속에도 정보를 전달하는 글이 담겨 있어요. 교과서는 교과와 관련한 개념과 지식을 설명하고 있으므로 교과서 속의 글도 정보를 전달하는 글이라고 할 수 있어요.

반대로 여러분이 정보를 전달하는 글을 써야 할 때도 있습니다. 다음과 같은 상황을 살펴볼까요?

지훈: 학급 행사를 알리는 공지 사항을 만들어야 해요.

경민: 제가 방송반 동아리 홍보부장인데, 동아리 가입 신청을 위한 안내문을 만들어야 해요.

하나: 저는 학교 기자인데, 우리 학교 축제에 대해서 취재해서 기사문을 쓰기로 했어요. 어떻게 쓰죠?

지은: 제가 제일 잘하는 게임이 있는데 레벨 올리는 법에 관해 설명하는 글을 제 블로그에 올리고 싶어요.

위의 상황처럼 여러분들의 일상생활 속에도 정보를 전달하는 글을 써야 하는 일들이 많이 있답니다. 친구나 부모님에게 어떤 대상이나 상황을 설명해야 할 때도 있고, 학교에서 수행 평가로 글을 써야 할 때도 있겠지요. 이렇듯 정보를 전달하는 글을 쓰는 능력은 우리가 일상생활을 살아가는 데 꼭 필요하다고 할 수 있어요. 정보를 전달하는 글을 잘 쓸 수 있다면 내가 알고 있는 내용에 대해서 상대에게 잘 설명하고 전달할 수 있는 능력을 가지게 되는 것이지요. 지금부터 정보를 전달하는 글의 개념과 종류를 알아봅시다.

정보를 전달하는 글의 개념과 종류

다음의 안내문을 함께 살펴봅시다. 이 안내문은 9세 이상 18세 이

하의 학교 밖 청소년을 대상으로 건강 검진을 받는 방법을 알려주고 있습니다. 안내문을 통해 신청 대상, 구비 서류, 제출 및 신청 장소, 관련 누리집에 대한 정보를 알 수 있지요. 이렇게 글쓴이가 독자에게 대상에 대한 객관적인 정보를 전하기 위한 목적으로 쓴 글을 정보를 전달하는 글이라고 해요.

학교 밖 청소년 대상 건강 검진 안내문

정보를 전달하는 글의 종류에는 설명문, 기사문, 보고서, 안내문, 전기문 등이 있습니다.

설명문	어떤 대상이나 현상 등에 대한 객관적인 정보를 독자가 이해할 수 있도록 설명한 글
기사문	사건이나 문제 상황에 대해 조사하고 육하원칙에 따라 글을 작성하여 사람들에게 어떤 사실이나 정보를 알리기 위한 글
보고서	대상에 대해 관찰, 실험, 조사 등을 실행하고 절차와 결과를 정리하여 보고하기 위하여 쓴 글
안내문	독자에게 알려야 하는 새로운 정보나 낯선 내용을 이해하기 쉽게 설명한 글
전기문	실제로 존재했던 인물의 일생과 업적을 기록한 글

정보를 전달하는 글의 종류

정보를 전달하는 글 중 가장 대표적인 글인 설명문, 기사문, 보고서에 대해서 더 자세히 알아봅시다.

설명문

설명문은 어떤 대상이나 현상에 대한 객관적인 정보를 독자에게 전달하기 위한 글입니다. 표준국어대사전에 따르면 '설명'은 어떤 일이나 대상의 내용을 상대편이 잘 알 수 있도록 밝혀 말하는 것을 뜻해요. 설명문은 어떤 대상, 사실, 현상 등에 대한 객관적이고 정확한 정보를 독자가 이해하기 쉽도록 쓴 글이에요.

다양한 대상들이 설명문의 주제가 될 수 있어요. 여러분이 가장 좋아하는 물건의 특징에 대해서 쓴 글이나 자신만의 요리법을 쓴 글도 설명문이라고 할 수 있어요. 감기약의 복용 방법을 설명한 글, 새로 나온 전자 기기의 사용법을 설명한 글도 모두 설명문이지요.

설명문은 어떤 단계로 작성할까요? 우리가 앞에서 배웠던 글쓰기의 일반적인 과정을 다시 떠올려 볼까요? 계획하기, 내용 생성하기, 내용 조직하기, 표현하기, 고쳐쓰기, 점검하기의 단계가 기억나나요? 설명문도 이 단계를 따라 작성할 수 있어요.

단계	내용
계획하기	글의 목적, 주제, 예상 독자, 전달 매체 정하기
내용 생성하기	주제와 관련한 다양한 자료 수집하기
내용 조직하기	수집한 자료를 선별하여 구조화하기
표현하기	대상의 특성에 적합한 설명 방법을 활용하여 초고 작성하기
고쳐쓰기 및 점검하기	빠진 부분 추가하기, 불필요한 부분 삭제하기, 적절한 표현으로 교체하기 등

설명문의 작성 단계

기사문

기사문은 사회에서 일어난 새로운 소식 중에서 보도할 가치가 있는 중요한 사건을 신속하게 전달하는 글을 말합니다. 기사문도 정보를 전달하는 글에 속합니다. 신문 기사나 인터넷 뉴스 등이 여기에 속해요.

기사문은 주로 언론 매체를 통해 전달되기 때문에 파급력이 강하고, 사람들이 기사문을 더 신뢰하는 경향이 있으므로 기사문을 쓸 때는 잘못된 정보가 없는지 재차 검토하는 과정을 거칩니다. 기사문은 사건을 객관적으로 정확하게 전달하려는 목적을 가지고 있기 때문에 '언제, 어디서, 누가, 무엇을, 어떻게, 왜'에 해당하는 내용을 구체적으로 서술합니다. 또한 기사문은 사건을 정확하게, 빠르게, 객관적으로, 공정하게 작성해야 합니다. 또한 기사문은 독자가 이해하기 쉽도록 간결하고 명확한 표현을 사용해야 합니다.

정확성	사건의 진실을 정확하게 전달하려는 특성
신속성	사건을 독자에게 빠르게 전달하려는 특성
객관성	글쓴이의 주관적인 감정이나 느낌을 배제하려는 특성
공정성	편파적이지 않고 공평하게 의견을 다루려는 특성

기사문의 특성

기사문은 표제, 부제, 전문, 본문으로 구성되어 있습니다. 표제는 기사의 가장 핵심적인 내용을 대표하는 제목입니다. 독자는 표제를 먼저 읽기 때문에, 가장 중요한 내용을 나타내 주어야 합니다. 부제는 표제의 내용을 보충해 주는 제목으로서 표제에서 언급하지 못한 내용을 보강하여 사건의 정황을 설명하는 기능을 합니다. 다음으로 전문은 육하원칙에 따라 전체 내용을 요약해 제시한 짧은 서술문입니다. 본문은 사건을 구체적으로 서술한 부분입니다. 기사문에서도 사진이나 도표를 추가하기도 합니다.

기사문은 다음과 같은 단계로 작성합니다. 계획하기 단계에서는 먼저 어떤 사건을 다룰 것인지 주제를 정하고, 정보를 수집합니다. 사건 현장에 직접 나가서 정보를 수집할 수도 있고, 문헌 자료를 찾아볼 수도 있어요. 또는 그 분야의 전문가를 인터뷰하여 정보를 얻을 수도 있어요. 이렇게 모은 정보를 바탕으로 그 안에서 정보를 선별, 조직해서 한 편의 기사문을 씁니다. 마지막으로 기사문을 검토하면서 고쳐 쓸 부분은 없는지 살펴봅니다.

단계	내용
계획하기	취재 주제, 목적, 사건, 일정, 준비물 등을 계획하기
내용 생성하기	사건이나 현장 취재, 자료 조사 등을 통해 자료를 수집하기
내용 조직하기	수집한 자료를 토대로 기사문 구성하기
표현하기	육하원칙에 기초하여 초고 작성하기
고쳐쓰기 및 점검하기	편집 회의를 통해 점검하고 고쳐쓰기

기사문 작성 단계

보고서

여러분은 보고서를 작성해 본 적이 있나요? 올챙이가 개구리로 변하는 과정을 살펴보고 기록한 글처럼 어떤 대상을 관찰한 글을 써 본 적이 있을 거예요. 보고서는 관찰, 조사, 실험, 답사, 체험 등을 하고 그 과정과 결과를 보고하기 위하여 쓴 글입니다. 학교에서 보고서를 작성해야 할 일도 있고 어른이 되어 사회에 나가서도 보고하는 글을 써야 할 때가 있어요.

우리는 어떤 대상을 일정 기간 관찰하면서 그 대상에 대한 정보와 특성을 파악하고 정보를 수집할 수 있어요. 그다음 관찰한 내용을 객관적이고 정확하게 글과 사진 등으로 기록해 둔다면 다른 사람에게도 유용한 정보가 될 수 있겠지요.

어떤 대상에 대해 관찰할 뿐만 아니라 실험을 통해 그 과정과 결과에 대해 보고서를 쓸 수도 있습니다. 또는 어떤 주제를 조사하고 연구하여 그 내용과 결과를 기록하여 보고서로 쓸 수도 있어요. 이렇게 우리가 어떤 대상을 관찰하고 나서 정확하고 객관적인 관점에서 기록한다면, 이런 자료가 모여 개인과 사회의 자산이 될 수 있습니다.

보고서는 연구의 목적과 필요성, 기간, 대상, 방법, 과정, 결과 등의 내용으로 구성됩니다. 관찰하거나 조사, 실험한 내용을 전달하기 위한 글이므로 그 과정과 결과의 내용은 객관적이고 정확해야 합니다.

보고서에는 관찰 보고서, 조사 보고서, 실험 보고서, 답사 보고서, 체험 보고서 등이 있어요. 여러분은 강낭콩에서 싹이 트고 잎이 자라나는 과정을 관찰한 적이 있나요? 하루하루 자라나는 강낭콩의 싹과 잎을 보며 어떤 모습으로 크는지 그림과 글로 표현하는 과제를 한 적이 있을 거예요. 이렇게 어떤 대상을 일정 시간 동안 관찰하여 변화의 과정과 결과를 기록한 글을 관찰 보고서라고 합니다.

조사 보고서는 어떤 대상이나 현상에 대해서 특성이나 현황 등을 직접 조사 및 간접 조사하여 정리한 글입니다. 예를 들어 청소년의 여가 생활 실태를 조사하여 보고서를 쓰거나 역사적 사건을 조사하고 보고서를 쓴다면 조사 보고서라고 할 수 있어요.

실험 보고서는 직접 실험하고 그 과정과 결과를 정리한 글이에요. 예를 들어 과학 시간에 산성과 염기성 물질 구별하기, 액체의 종류에 따라 끓는점 비교하기 등의 실험이 실험 보고서의 주제가 될 수 있어요.

답사 보고서는 문화재, 유적지, 박물관 등을 다녀온 후 보고 들은 내용을 기록한 글입니다. 체험 보고서는 특정한 체험을 한 후에 체험의 준비, 일정, 결과, 느낀 점 등을 기록한 보고서입니다. 답사 보고서와 체험 보고서에는 기간, 장소, 목적, 일정, 느낀 점, 배운 점 등을 작성할 수 있어요.

종류	예시
관찰 보고서	양파의 생장 관찰 보고서, 올챙이 관찰 보고서
조사 보고서	우리 반 학생들의 휴대 전화 사용 실태 조사하기
실험 보고서	액체의 종류에 따른 끓는점 실험 보고서
답사 보고서	국립 중앙 박물관 견학 보고서, 첨성대 답사 보고서

체험 보고서	농촌 체험 보고서, 진로 체험 보고서

보고서의 종류와 예시

어떤 탐구 주제를 선택하느냐에 따라 보고서의 종류가 달라질 수 있어요. 자신이 평소 관심이 있었던 분야에 대해서 보고서를 작성할 수도 있고, 학교에서 정한 주제로 보고서를 쓸 수도 있을 거예요. 보고서는 다음과 같은 과정에 따라 작성합니다.

단계	내용
계획하기	• 연구의 목적과 필요성 • 기간, 대상, 방법, 예상되는 결과에 대해 계획하기
내용 생성하기	탐구, 실험, 조사하며 자료 수집하기
내용 조직하기	• 수집한 자료를 분류하고 필요한 자료를 선별하기 • 탐구, 실험, 조사한 내용의 결과를 분석하여 내용을 구성하기
표현하기	보고 내용의 절차와 결과가 잘 드러나게 작성하기
고쳐쓰기 및 점검하기	• 잘못된 내용이나 보충할 내용 점검하기 • 출처를 정확히 기록하였는지 확인하기

보고서의 작성 단계

정보를 전달하는 글쓰기 전략

대상의 특성에 적합한 설명 방법 활용하기

정보를 전달하는 글을 쓸 때는 설명하고자 하는 대상의 특성을 파악한 후 그에 적합한 설명 방법을 활용해야 합니다. 설명 방법에는 정의, 예시, 비교, 대조, 분석, 분류, 인과 등이 있습니다.

예를 들어, 감기와 독감의 공통점과 차이점을 비교하는 글을 쓴다면 어떤 설명 방법을 사용하는 것이 적절할까요? 두 대상의 공통점과 차이점을 밝히는 글이라면 비교와 대조의 설명 방법이 적합하겠지요. 만약 로봇의 개념과 실생활에서 사용하고 있는 로봇을 설명하고 싶다면 어떤 설명 방법이 좋을까요? 정의와 예시가 적합할 것입니다. 이처럼 설명하고자 하는 대상을 가장 효과적으로 표현할 수 있는 글쓰기 방법을 활용해야 합니다.

설명 방법	
정의	어떤 대상이나 개념의 뜻을 명백히 밝혀 규정하는 방법 예) 단세포 생물이란 하나의 세포로 이루어진 생물을 말한다.
예시	이해를 돕기 위하여 구체적인 예를 들어 설명하는 방법 예) 단세포 생물에는 세균, 효모, 아메바 등이 있다.
비교	둘 이상의 대상을 견주어 유사점을 설명하는 방법 예) 축구와 야구는 단체 구기 종목이라는 공통점이 있다.
대조	둘 이상의 대상을 견주어 차이점을 설명하는 방법 예) 축구는 한 팀에 11명이, 야구는 9명이 경기에 참여한다.

분석	복잡한 현상이나 대상 또는 개념을, 그것을 구성하는 단순한 요소로 나누어 설명하는 방법 예) 곤충은 머리, 가슴, 배로 나뉜다.
분류	기준에 따라 종류를 설명하는 방법 예) 외식 메뉴의 종류에는 한식, 분식, 중식, 양식 등이 있다.
인과	원인과 결과를 밝히어 설명하는 방법 예) 설탕이 많이 든 음료를 자주 마시면 질병에 걸릴 가능성이 커진다.

다양한 설명의 방법

복수의 자료 활용하기

만약 문화재에 대해 설명할 때는 어떤 자료를 더하면 좋을까요? 그렇죠. 설명하려는 문화재의 사진을 보여 줄 수 있습니다. 또는 우리 교실의 습도를 측정해서 그 변화를 기록하여 설명할 때는 어떨까요? 도표나 그래프를 이용하면 한눈에 정보를 파악하게 할 수 있을 거예요. 이렇게 복수의 자료를 활용하면 효과적으로 설명할 수 있어요.

설명하려는 내용을 독자에게 효과적으로 전달하기 위해서는 다양한 자료를 활용하는 것이 중요합니다. 글로만 설명하는 것보다 복수의 자료를 활용하여 표현하면 독자의 이해를 높일 수 있어요. 복수의 자료를 활용한다는 것은 글, 사진, 도표 등 여러 가지 매체 중에서 하나만 활용하는 것이 아니라 두 가지 이상을 결합하여 활용한다는 의미입니다. 복수의 자료를 적절히 활용하면 독자가 글을 더 쉽게 이해할 수 있으므로, 글로만 설명하기보다는 통계 자료 또는 관련 사진 등을 함께 제시하도록 합니다.

활용할 수 있는 자료에는 시각 자료, 청각 자료, 시청각 자료 등이 있습니다. 시각 자료에는 사진, 그림, 지도 등이 있고, 청각 자료에는 효과음, 배경 음악, 주제와 관련한 음악 자료, 음성 등이 있습니다. 시각과 청각 자료가 결합한 형태인 동영상을 활용하여 시청각 자료를 제시할 수도 있습니다.

시각 자료	• 사진, 그림, 지도 • 도표 • 그래프: 막대그래프, 원그래프, 꺾은선 그래프 등
청각 자료	효과음, 배경 음악, 주제와 관련한 음악 자료, 음성 등
시청각 자료	동영상 자료

자료의 종류와 예시

꼭 설명하는 글이 아니어도 글을 쓸 때는 시각 자료, 청각 자료, 시청각 자료 등을 활용할 수 있다는 점을 기억하세요. 자료를 무조건 많이 쓰려고 하기보다는 주제와 관련성이 높은 자료, 독자가 보기에 흥미로운 자료, 신뢰할 수 있는 자료를 활용해야 한다는 것 역시 꼭 기억해 두세요.

다음에 제시된 다양한 자료의 예시를 살펴보며 하나의 자료만 썼을 때와 복수의 자료를 함께 활용했을 때의 효과를 비교해 보세요.

1) 지도를 활용한 예

정보의 내용	제주도 물영아리오름의 위치와 주변 관광지
글로만 표현할 때	물영아리오름은 제주도 서귀포시 남원읍 수망리에 위치하며 주변에는 비자림, 성읍 민속 마을, 한라산 국립 공원 등 다양한 관광지가 있다.
지도를 함께 활용할 때	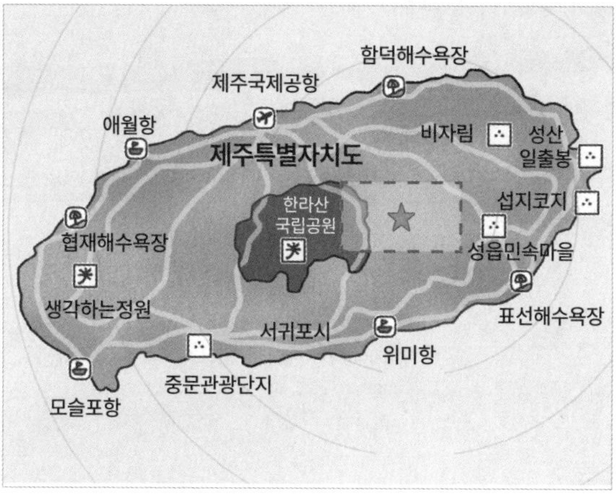 물영아리오름의 위치

2) 도표를 활용한 예

<table>
<tr><th>정보의 내용</th><td>교육부의 '2022 초·중등 진로 교육 현황 조사 결과 발표'</td></tr>
<tr><th>글로만 표현할 때</th><td>교육부의 '2022 초·중등 진로 교육 현황 조사 결과 발표'에 따르면 초등학생의 희망 직업은 운동선수가 9.8%, 중학생의 희망 직업은 교사가 11.2%, 고등학생의 희망 직업은 교사가 8.0%로 1위를 차지했다.</td></tr>
<tr><th>도표를 함께 활용할 때</th><td>
(단위: %)
<table>
<tr><th rowspan="2">구분</th><th colspan="2">초등학생</th><th colspan="2">중학생</th><th colspan="2">고등학생</th></tr>
<tr><th>직업명</th><th>비율</th><th>직업명</th><th>비율</th><th>직업명</th><th>비율</th></tr>
<tr><td>1</td><td>운동선수</td><td>9.8</td><td>교사</td><td>11.2</td><td>교사</td><td>8.0</td></tr>
<tr><td>2</td><td>교사</td><td>6.5</td><td>의사</td><td>5.5</td><td>간호사</td><td>4.8</td></tr>
<tr><td>3</td><td>크리에이터</td><td>6.1</td><td>운동선수</td><td>4.6</td><td>군인</td><td>3.6</td></tr>
<tr><td>4</td><td>의사</td><td>6.0</td><td>경찰관/수사관</td><td>4.3</td><td>경찰관/수사관</td><td>3.3</td></tr>
<tr><td>5</td><td>경찰관/수사관</td><td>4.5</td><td>컴퓨터공학자/소프트웨어개발자</td><td>2.9</td><td>컴퓨터공학자/소프트웨어개발자</td><td>3.3</td></tr>
<tr><td>6</td><td>요리사/조리사</td><td>3.9</td><td>군인</td><td>2.7</td><td>뷰티디자이너</td><td>3.0</td></tr>
<tr><td>7</td><td>배우/모델</td><td>3.3</td><td>시각디자이너</td><td>2.6</td><td>의사</td><td>2.9</td></tr>
<tr><td>8</td><td>가수/성악가</td><td>3.0</td><td>요리사/조리사</td><td>2.6</td><td>경영자/CEO</td><td>2.5</td></tr>
<tr><td>9</td><td>법률전문가</td><td>2.8</td><td>뷰티디자이너</td><td>2.3</td><td>생명과학자 및 연구원</td><td>2.5</td></tr>
<tr><td>10</td><td>만화가/웹툰작가</td><td>2.8</td><td>공무원</td><td>2.3</td><td>요리사/조리사</td><td>2.4</td></tr>
</table>
학생의 희망 작업 – 상위 10개
(출처: 〈2022 초 · 중등 진로 교육 현황 조사 결과 발표〉, 교육부)
</td></tr>
</table>

3) 그래프를 활용한 예

정보의 내용	직업계 고 전체 졸업자 중 취업자의 성별 구성
글로만 표현할 때	직업계 고 전체 졸업자 중 취업자는 19,526명이며, 성별 취업자 비중은 남성 58.9%(11,496명), 여성 41.1%(8,030명)로 구성되어 있다.
그래프를 함께 활용할 때	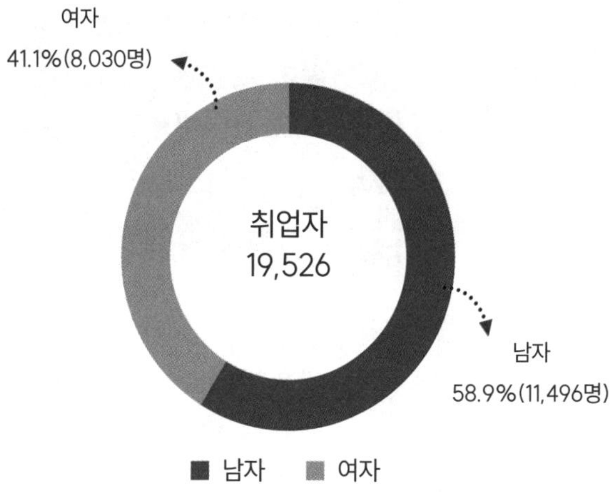 여자 41.1%(8,030명) 취업자 19,526 남자 58.9%(11,496명) ■ 남자 ■ 여자 직업계 고 전체 졸업자 중 취업자의 성별 구성 원그래프 (출처: 〈2023년 직업계고 졸업자 취업통계 조사 세부 분석 자료〉, 교육부)

4) 동영상 자료 활용의 예

정보의 내용	환경부의 스마트 홍수 관리 시스템 소개
글로만 표현할 때	스마트 홍수 관리 시스템이란, ICT 기술을 적용해서 실시간으로 하천 수위도 모니터링하고 원격으로 수문을 닫을 수 있게 하는 시스템이다.
동영상 자료를 함께 활용할 때	도깨비: 영감, 우리는 이 근처에 사는 도깨비들인데 요즘 기후 변화 때문에 비가 자주 와 너무 걱정이야. 비가 올 때마다 수문을 수동으로 조작해야 하니까 말이야. 아니 그런데 영감은 어찌하여 홍수 걱정이 없다는 거지?  환경부의 스마트 홍수 관리 시스템 동영상중 일부 발췌

동영상 자료를 함께 활용할 때	혹부리 영감: 원격으로 수문을 조작할 수 있는 스마트 홍수 관리 시스템을 모르시는군요? 도깨비: 스마트 홍수 관리 시스템? 혹부리 영감: ICT 기술을 적용해서 실시간으로 하천 수위도 모니터링하고 원격으로 수문을 닫을 수 있게 해 주는 아주 고마운 시스템이지요.

관찰, 조사, 실험의 절차와 결과가 드러나도록 쓰기

보고서를 작성할 때는 관찰, 조사, 실험의 절차와 결과가 드러나도록 쓰는 것이 중요합니다. 만약 우리 학교 학생들의 급식 만족도를 조사한 보고서가 있다고 가정해 봅시다. 그런데 그 보고서에 급식 만족도를 왜 조사하였고, 어떻게 조사하였는지의 과정은 작성되어 있는데 급식에 얼마나 만족하는지에 대한 결과가 없다면 어떨까요? 그 보고서를 활용할 수 없을 것입니다.

또는 물의 온도에 따라 소금이 물에 녹는 양의 차이를 실험한 보고서가 있다고 가정해 봅시다. 그런데 그 보고서에서 물의 온도가 높을수록 물에 녹는 소금의 양이 많다는 결과를 제시하고 있지만, 어느 정도의 온도 차이가 났으며 어떻게 소금을 물에 녹였는지의 과정이 나와 있지 않다면 어떨까요? 온도만 다르고 나머지 실험 조건이 모두 유사했는지를 확인할 수 없다면 그 실험의 결과를 신뢰할 수 없을 것입니다.

따라서 보고서를 작성할 때는 반드시 관찰, 조사, 실험의 절차와 결과가 잘 드러나도록 작성해야 합니다. 어떤 조건과 환경에서 관찰, 조사, 실험했으며 그 결과가 어떤 차이가 있었는지를 명확히 기록해야 신뢰성을 갖춘 정보를 전달할 수 있기 때문입니다.

정보를 전달하는 글 쓰기의 실제

설명문 쓰기

동물에 관심이 많은 경민이는 동물을 주제로 블로그를 운영하고 있어요. 어느 날, 경민이는 다큐멘터리를 본 뒤 수달이 멸종 위기종이라는 사실을 알리기 위한 글을 써서 블로그에 올려 보려고 합니다. 경민이가 대상의 특징에 적합한 설명 방법을 활용하여 설명문을 쓰는 과정을 따라가며 설명문을 어떻게 써야 하는지 함께 알아봅시다.

1) 계획하기

계획하기 단계에서는 설명하는 글의 목적, 주제, 예상 독자, 전달 매체를 정해요. 설명문의 대상은 무엇이든 될 수 있어요.

영화, 드라마, 책, 소설, 만화, 운동, 게임, 음식, 패션, 음식 조리

법, 물건 사용법, 친구, 가족, 문화유산, 나라, 역사적 인물, 존경하는 인물, 교과와 관련한 개념 등

글을 쓸 대상을 골랐다면 이번에는 그 대상과 관련한 구체적인 주제를 정해 볼까요? 만약 떡볶이를 설명하는 글을 쓴다면, 떡볶이의 유래를 설명할 것인지, 떡볶이를 만드는 방법을 설명할 것인지, 떡볶이의 종류를 설명할 것인지 등 구체적인 주제는 여러 가지가 될 수 있어요.

예상 독자는 나의 글을 읽을 것으로 예측되는 사람을 말합니다. 누가 나의 글을 읽을 것인지에 따라 설명 방법이 달라지거나 표현법도 달라질 수 있겠지요. 전달 매체는 나의 글을 전하기 위한 경로를 말합니다. 예를 들어, 종이에 직접 써서 전달할 것인지, 컴퓨터로 글을 쓰고 인터넷을 통해 전달할 것인지에 따라 글의 구성이나 자료 등이 달라질 수 있습니다.

이번에는 누구에게 설명할 것인지, 예상 독자를 정하고 예상 독자에 대해 분석해 봅시다. 이 정보가 누구에게 필요한 것인지, 누가 주로 보게 될 것인지 떠올려 보세요. 예상 독자를 설정하는 이유는 그 특성에 따라 글의 전개 방식을 다르게 해야 독자의 이해를 높일 수 있기 때문이에요. 예상 독자가 누구이고 어떤 배경지식을 가졌는지에 따라 적합한 설명 방법이 달라질 수 있어요.

예를 들어 자신이 좋아하는 게임에 대한 설명문을 쓴다고 생각해 봅시다. 또래 친구들에게 소개할 때와 부모님에게 설명할 때는 표현 방법이나 글의 전개 방식이 달라질 수 있겠지요. 어떤 독자들은 설명하는 대상에 대해 배경지식을 많이 가졌고 흥미도 있을 수 있지만, 또 다른 독자들은 대상에 대해 잘 모르거나 흥미가 없을 수도 있기 때문입니다.

누가 나의 글을 읽게 될 것인지를 생각해 보면 그 글을 어떻게 구성하고 써야 하는지를 알 수 있어요. 중학생이 이 글을 읽을 것인지, 초등학생이 이 글을 읽을 것인지, 어른들이 이 글을 읽을 것인지에 따라 글의 구성과 내용, 표현을 다르게 써야 합니다.

그리고 하나 더! 계획하기에서 꼭 정해야 하는 것이 있어요. 바로 어떤 매체를 통해서 글을 전달할 것인지를 정해야 해요. 전달 매체에 따라 글의 구성이나 표현이 달라지기 때문입니다.

경민이의 설명문 작성 따라하기 1. 계획하기

무슨 주제로 설명문을 써 볼까? 그래! 멸종 위기 동물인 수달의 특징과 분포 현황 등에 대해 알리는 글을 써야겠어. 내가 글을 쓰면 누가 읽게 될까? 아! 내 블로그에 올리면 블로그를 찾아오는 독자들이 내 글을 많이 읽을 수 있을 거야.

2) 내용 생성하기

내용 생성하기는 주제에 대한 자료를 수집하는 단계입니다. 먼저 여러 가지 매체를 통하여 정보를 다양하게 수집해야 합니다. 설명하는 글을 쓰려면 대상에 대해 많은 정보를 알고 있어야 하기 때문이죠.

설명문을 통해 전달하려는 내용은 정확하고 객관적인 내용이어야 해요. 이미 내가 주제에 대해 충분히 알고 있다고 느끼더라도, 그 내용이 정말 정확한지 검토해 보는 과정도 필요합니다. 만약 내가 정보를 전달했는데 그것이 틀린 정보라면 어떨까요? 따라서 '내가 전달하려는 정보는 정확한 것인가? 틀린 정보는 아닌가?'를 확인해야 해요. 이를 위해서 내가 알고 있는 정보가 무엇인지 먼저 써 보고, 사실 여부를 확인해 보거나 보충해야 할 것은 없는지 생각해 봅니다. 다양한 경로를 통해 자료를 수집하면, 풍부한 정보를 모을 수 있으며 정보의 정확성도 높일 수 있습니다.

그렇다면 정보는 어디에서 수집할 수 있을까요? 직접 대상을 탐구하거나 현장을 방문하는 등 직접적인 방법으로 정보를 얻을 수 있습니다. 또, 인쇄 매체, 방송 매체, 인터넷 매체 등을 통해 간접적인 방법으로 정보를 수집할 수도 있어요. 만약 인쇄 매체에서 자료를 찾아본다면, 설명하고자 하는 대상에 대한 도서, 사전, 교과서 등을 살펴봅니다. 그리고 방송 매체인 신문, 방송 자료에서도 주제와 관련한 자료를 탐색해 볼 수 있습니다. 또한 인터넷 매체를 통한다면 인터넷 사전, 인터넷 뉴스, 전문 기관 홈페이지, 정부 홈페이지, 연구 센터 홈페이지 등에서 자료를 찾을 수도 있어요.

이때 주의할 점이 있어요. 다양한 정보 중에서 어떤 것이 믿을 수 있는 정보인지 확인해야 합니다.

또한 도서에서 정보를 찾을 때도 한 권의 책에서만 찾는 것이 아니라 다양한 책을 찾아보아야 해요. 여러 가지 경로를 통해 자료를 찾아보면 자료가 정확한지 확인할 수 있고, 부족한 정보를 찾아낼 수도 있기 때문이에요.

인터넷을 활용해서도 좋은 정보를 찾을 수 있어요. 개인의 SNS나 블로그 등에 올려진 글을 참고할 수도 있지만 조금 더 정확한 정보를 얻으려면 공식 사이트, 정부 기관 홈페이지 등의 공식적인 자료를 찾아보는 것도 도움이 됩니다.

경민이의 설명문 작성 따라하기 2. 내용 생성하기

경민이는 도서, 신문, 인터넷 매체를 활용하여 자료를 다음과 같이 수집했어요.

매체	출처	수집한 자료
도서	섬진강 수달 가족 이야기 (지은이: 신응섭, 출판사: 진선아이)	수달의 생태 이야기

신문	중앙일보	[소년중앙] 지켜 주고 싶다, 도시에 나타난 천연기념물 수달 (중앙일보, 2021.06.28.)
인터넷	문화재청	지정번호 천연기념물 제330호 소재지: 전국 일원 지정일: 1982년 11월 16일 학명: Lutra lutra(Linnaeus) 기타: 수달의 형태, 생태, 분포, 현황
	한국수달연구센터	수달의 분류, 수달 명명법, 생태적 위치, 외형적 특징, 식이 습성, 번식, 보금자리, 분포, 세력권, 위협 요인, 보호 방안 등

3) 내용 조직하기

내용 조직하기는 어떤 순서와 구조로 쓸지 생각하는 단계입니다. 선정한 정보를 골라 일련의 규칙에 따라 적절한 순서로 배열하거나 비슷한 범위끼리 모아 정보를 분류하며 어떻게 글을 구성할지 생각해 봅니다. 설명문은 일반적으로 '처음-중간-끝'의 3단계로 구성해요. '머리말-본문-맺음말'이라고도 해요. 처음 부분에는 글을 쓰는 목적, 배경, 동기 등을 씁니다. 중간 부분에는 대상을 본격적으로 설명합니다. 끝에서는 내용을 요약·정리하고 의견을 제시하기도 합니다.

다양한 자료를 수집했다면, 찾아낸 정보를 선별합니다. 여러 가지 자료를 다시 살펴보며 주제에 관련된 정보인지, 믿을 만한 정보인지 따져 봅니다. 모든 정보를 그대로 다 쓰거나 나열하기보다는 정보의 중요도를 파악하면서 유용한 정보만을 골라내고, 적절한 설명 방법에 맞게 구조화하는 것이 중요합니다. 또한 설명문은 객관적이고 정확한 정보를 다른 사람에게 전달하기 위한 목적을 가지므로 주관적 감상이나 부정확한 내용은 제외하는 것이 좋아요.

- *글의 주제와 목적에 적합한 정보인가?*
- *글의 독자를 고려했을 때 적합한 정보인가?*
- *글의 전달 매체를 고려했을 때 적합한 정보인가?*
- *믿을 수 있는 정보인가?*
- *전달할 만한 가치가 있는 정보인가?*

정보를 선별하기 위한 질문

경민이의 설명문 작성 따라하기 3. 내용 조직하기

경민이는 다양한 자료들을 어떤 순서로 배열해야 독자가 잘 이해할 수 있을지 생각하면서 개요를 작성했어요.

경민이가 수집한 자료를 살펴보니 '수달의 세부 분류'에 대한 자료가 있었어요. 하지만 주제와의 관련성과 독자를 고려했을 때 수달의 세부 분류를 모두 활용하지 않아도 된다고 생각했어요. 그래서 경민이는 '수달의 세부 분류'는 제외하고 '수달의 일반적인 특징과 분포, 현황, 위협 요인'을 중심으로 내용을 조직하였어요.

처음	글을 쓰는 목적, 배경, 동기, 독자의 흥미 유발	수달이 멸종 위기종이라고 언급하며 독자의 흥미를 유발해 봐야겠어.
중간	대상에 대한 설명 – 수달의 외형적 특징, 습생 – 수달의 위협 요인	수달의 외형적 특징, 습생을 먼저 설명하고, 분포 현황과 위협 요인에 대해 설명해야겠어.
끝	요약, 정리, 의견 제시	수달에 대한 관심을 촉구하며 마무리해야겠어.

설명하는 글의 구조

4) 표현하기

지금까지 생성하고 조직한 내용을 바탕으로 설명하려는 대상의 특징에 따라 적절한 설명 방법을 선택하여 초고를 씁니다.

경민이의 설명문 작성 따라하기 4. 표현하기

경민이는 수집한 자료를 활용하여 초고를 작성해 보았어요. 어떤 설명 방법을 활용해야 할지 생각하며 다음과 같이 초고를 작성했지요. 수달의 외형적 특성은 묘사의 방법으로, '멸종 위기 야생 생물'이라는 용어를 설명할 때는 정의의 방법으로, 수달의 주요 서식지인 하천의 개발로 인한 영향과 결과는 인과의 설명 방법을 활용하여 설명문을 작성해 보았어요.

[처음]

우리나라 섬진강에 서식하며 천연기념물 제330호인 동물을 알고 있는가? 이 동물은 환경부가 지정한 멸종 위기 야생 생물 I급으로 보호받고 있기도 하다. 바로 수달이다. 수달은 우리나라의 여러 하천에서 서식하여 사람들에게 친숙한 동물이지만 현재는 만나기 어려운 보호종이 되었다. 우리나라의 수달의 특징, 분포 현황, 위협 요인을 알아보자.

[중간]

수달은 다음과 같은 특징을 가지고 있다. 수달은 주로 물속에서 생활하기 때문에 수영하기에 적합한 유선형의 몸을 가지고 있다. 수달의 머리는 납작한 편이다. 수염이 있어 어두운 곳에서도 활동할 수 있다. 굵고 긴 꼬리를 가지고 있으며 앞뒤로 5개의 발가락 사이마다

물갈퀴가 있다. 수달은 보통 몸길이가 57~70cm이지만 큰 것은 125cm까지 자라기도 하고 몸무게는 5~12kg에 달한다. → 묘사

야생 생물 보호 및 관리에 관한 법률에서는 멸종 위험에 따라 환경부령으로 멸종 위기 야생 생물 I급 및 멸종 위기 야생 생물 II급, 관찰종의 세 단계로 분류하여 관리하고 있다. 환경부의 2018 멸종 위기 야생 생물 보전 종합 계획에 따르면 그중 '멸종 위기 야생 생물 I급'은 '자연적 또는 인위적 위협 요인으로 개체수가 크게 줄어들어 멸종 위기에 처한 야생 생물로서 대통령령으로 정하는 기준에 해당하는 종'을 말한다. → 정의 즉 수달은 보호 활동을 하지 않으면 멸종의 위험이 큰 동물이라고 할 수 있다.

하천의 개발로 인하여 댐과 수중보를 건설함에 따라 수달이 하천에서 자유롭게 이동하지 못하게 되었다. 또한 통발 그물에 걸린 물고기를 먹으러 들어갔다가 수달이 희생되기도 한다. 수달의 가죽 때문에 밀렵당하기도 하였다. 이러한 이유로 수달의 개체수가 감소하게 되었다. → 인과

[끝]

지금까지 멸종 위기 야생 생물 I급인 수달의 특징과 위협 요인에 대해 알아보았다. 수달을 보호하기 위한 방법이나 수달을 발견했을 때 대처법 등 더 자세한 정보는 한국 수달 연구 센터나 환경부 홈페이지에서 찾아볼 수 있다.

5) 고쳐쓰기 및 점검하기

초고를 작성하고 나면 글을 다시 읽어 보면서 고칠 부분을 찾아 수정합니다. 이 단계에서는 초고에서 부족한 내용이나 빠진 부분이 있다면 추가합니다. 글의 흐름과 맞지 않거나 불필요하고 중복되는 것이 있다면 삭제합니다. 초고에서 쓴 표현보다 더 적절한 표현이 있다면 교체하여 바꾸어 쓰고, 구조가 알맞지 않으면 재구성할 수도 있어요.

전체적으로 주제에서 벗어난 내용은 없는지, 글이 통일성 있게 전개되고 있는지, 제목은 적절한지 살펴봅니다. 다음으로 문단 수준에서 문단의 중심 내용이 적절한지, 문단 내의 문장이 자연스럽게 이어지는지 살펴보세요. 그리고 문장과 단어 수준에서 문장과 단어의 뜻이 적절한지, 문장의 길이가 너무 길지 않은지, 어법에 맞게 썼는지, 독자의 수준에 적합한 단어를 사용했는지 등을 점검해 보고 알맞게 고쳐 쓰도록 합니다.

경민이의 설명문 작성 따라하기 5. 고쳐쓰기 및 점검하기

경민이는 평가 내용을 토대로 자신의 글을 점검하고 부족한 부분을 고쳐 썼어요. 경민이는 완성한 글을 블로그에 올렸어요. 여러분도 이렇게 글을 쓰는 과정을 따라 차근차근히 한 단계씩 해 나가면 설명문을 쓸 수 있어요!

평가 내용	평가
주제와 관련된 내용으로 일관성 있게 작성되었는가?	☆ ☆ ☆
글이 통일성 있게 전개되고 있는가?	☆ ☆ ☆
제목은 적절한가?	☆ ☆ ☆
문단의 중심 내용이 적절한가?	☆ ☆ ☆
문단 내의 문장이 자연스럽게 이어지고 있는가?	☆ ☆ ☆
대상의 특징을 설명하기에 적합한 표현을 사용하였는가?	☆ ☆ ☆
문장의 길이가 지나치게 긴 것은 없는가?	☆ ☆ ☆
어법에 맞게 썼는가?	☆ ☆ ☆

고쳐쓰기 및 점검하기 평가 표

기사문 쓰기

지호는 한언 중학교 학생 기자단 동아리를 하고 있어요. 지호는 우리 학교 배드민턴 동아리가 참가한 스포츠 클럽 대회를 취재하는 담당 기자가 되었어요. 지호가 스포츠 클럽 대회를 취재하고 기사문을 쓰며 자료를 활용하는 과정을 함께 살펴봅시다.

1) 계획하기

지호는 기사를 작성하기 전에 기사의 주제, 목적, 예상 독자, 매체에 대해서 계획했어요. 그리고 취재에 나가기 전 어떤 준비물을 가지고 가야 할지, 시간과 장소는 어디인지, 어떤 내용을 집중적으로 취재할 것인지를 계획했어요. 그다음 카메라, 노트, 녹음기를 준비하고 배드민턴 동아리 친구들에게도 취재 사실을 알리고 인터뷰할 수 있는지 사전에 물어보았어요.

2) 내용 생성하기

드디어 대회가 시작되고 경기가 진행됨에 따라 지호도 덩달아 긴장이 되었어요. 우리 학교 배드민턴 동아리 친구들이 우승하기까지의 경기를 지켜보고 사진과 글로 기록하였어요. 그리고 경기가 끝나자, 배드민턴 동아리 친구들에게 인터뷰를 요청하였어요. 또한 기사에 어떤 사진을 담으면 좋을지 생각하며 경기 진행 장면을 사진으로 여러 장 찍어 두었어요.

3) 내용 조직하기

지호는 계획에 따라 취재하고 수집한 자료를 토대로 다음과 같이 기사문을 구성해 보았어요.

• *표제: 한언 중학교 서울 스포츠 클럽 1위 입상*

• *부제: 제10회 서울 스포츠 클럽 배드민턴 중학생 부문 1위 입상*

• *전문: 한언 중학교 신생 동아리인 배드민턴부 꾸준한 연습 끝에 서울 스포츠 클럽 1위 입상의 쾌거를 이루다*

• *본문: 주요 사건*

- 2023년 10월 20일(금) 서울 체육관에서 서울 중학교 스포츠 클럽 대회가 열림.

- 대회에는 서울 7개 학교의 55명의 중학생들이 선수로 참가함.

- 한언 중학교 스포츠 클럽 학생들이 배드민턴 중학생 부문 1위를 차지함.

학생 인터뷰

배드민턴 경기 사진 첨부

기사문 구성안

4) 표현하기

지호는 취재한 사진, 글, 인터뷰 자료 등을 토대로 기사를 작성하였어요. 육하원칙이 포함되도록 기사문을 작성하고 표제, 부제, 전문, 사진, 본문 등의 기사문의 구성 요소를 다음과 같이 작성하였어요.

한언신문 특집

한언 중학교 서울 스포츠 클럽 1위 입상

표제

제10회 서울 스포츠 클럽 배드민턴 중학생 부문 1위 입상

부제

한언 중학교 신생 동아리인 배드민턴부
꾸준한 연습 끝에 서울 스포츠 클럽 1위의 쾌거를 이루다

전문

본문

2023년 10월 20일(금) 서울 체육관에서 서울 중학교 스포츠 클럽 대회가 열렸다. 이 대회에는 서울 7개 학교 55명의 중학생 선수가 참가하여 3개 종목을 두고 승패를 겨루었다. 한언 중학교 스포츠 클럽 학생들도 이 대회에 참가하였는데, 그중 배드민턴 동아리가 1위를 하는 쾌거를 이루었다. 한언 중학교 1~3학년으로 구성된 배드민턴부 학생들은 올해 신설된 스포츠 동아리로서 이번 대회에 처음 참가하였음에도 불구하고 배드민턴 종목의 1위 트로피를 거머쥐게 되었다.

지수현 학생(한언중 2학년, 배드민턴부원)은 '평소 배드민턴을 좋아해서 매일 쉬는 시간과 점심시간을 활용하여 배드민턴을 꾸준히 한 것이 도움이 된 것 같다'고 말했다. 김하나 학생(한언중 3학년, 배드민턴부 주장)은 취재진과의 인터뷰에서 동아리 학생들이 모두 기초 체력 훈련에도 성실하게 참여해 주고, 배드민턴 강습에도 적극적으로 참여해 실력을 키울 수 있었다고 말했다.

박지호 기자

5) 고쳐쓰기 및 점검하기

지호는 초고를 작성한 후, 학생 기자 동아리 친구들과 함께 편집 회의를 열었어요. 친구들은 지호의 기사를 함께 읽어 보며 내용이 정확한지, 이해하기 쉽게 작성되었는지, 빠진 구성 요소는 없는지, 제목은 적절한지 등을 점검해 보았어요. 평가 기준에 따라 글을 점검한 후 학교 신문을 발행했어요.

평가 내용	평가
표제, 부제, 전문, 본문을 갖추어 작성하였는가?	☆ ☆ ☆
적절한 매체를 활용하였는가?	☆ ☆ ☆
사건의 육하원칙이 드러나는가?	☆ ☆ ☆
객관적인 사실에 근거하여 작성하였는가?	☆ ☆ ☆
균형 잡힌 관점을 제시하고 있는가?	☆ ☆ ☆
독자가 이해하기 쉽게 명료하게 표현하였는가?	☆ ☆ ☆
어법에 맞게 작성하였는가?	☆ ☆ ☆

고쳐쓰기 및 점검하기 평가 표

보고서 쓰기

지은이는 학교 국어 시간에 친구들과 함께 모둠을 구성하여 보고서를 작성하게 되었어요. 친구 3명과 함께 보고서 작성을 위한 대화를 나누었어요.

지은: 우리 모둠 보고서의 주제를 뭘로 정할까?
윤서: 평소 궁금했던 거나 알고 싶은 것 있어?
경민: 요즘 친구들이 시험 기간이라서 커피도 마시고 카페인이 든 음료도 자주 마시는 걸 봤는데, 너무 많이 마시고 있지는 않은지 궁금했어.
선우: 그럼 우리 반 학생들이 카페인이 든 음료를 얼마나 자주, 어느 정도로 마시고 있는지 조사해 볼까?
윤서: 좋아. 보고서를 쓰려면 무엇부터 해야 하지?
지은: 우리 국어 시간에 배웠던 보고서 작성 과정을 다시 찾아 보자.

1) 계획하기

보고서를 쓰기 위해서는 가장 먼저 보고서의 목적과 주제, 예상 독자와 매체를 정해야 합니다. 주제를 정할 때는 이 보고서를 왜 작성하는지, 예상 독자는 누구인지, 어떤 매체를 통해 전달할지 생각해 봅니다. 예상 독자의 흥미나 수준에 적합한 주제인지, 직접 조사하거나 탐구할 수 있는 주제인지도 점검해 보도록 합니다.

만약 과학 시간에 친구들에게 발표할 식물 관찰 보고서를 작성해야 한다고 생각해 봅시다. 예상 독자인 친구들의 흥미와 수준에 적합한 주제를 골라야 하고 직접 식물을 관찰할 수 있는 조건과 환경이 되는지 고려해 봅니다. 만약 주제가 예상 독자에게 너무 어렵거나 쉬운 경우, 직접 관찰할 수 있는 주제가 아닌 경우에는 보고서를 작성하기 어렵겠죠.

다음으로는 보고서를 작성하기 위한 계획을 구체적으로 세웁니다. 관찰이나 실험, 조사의 기간, 대상, 조사 방법, 준비물, 역할 분담 등을 생각해 봅니다. 언제부터 언제까지 탐구할 수 있는지, 어떤 조사 방법을 활용할 것인지, 필요한 준비물은 무엇인지, 만약 모둠이 함께 한다면 역할은 어떻게 분담할 것인지, 예상되는 결과는 어떤 것인지 등을 계획서에 적어 봅니다.

지은이네 모둠 보고서 작성 따라하기 1. 계획하기

지은이네 모둠에서는 우리 반 학생들의 카페인 음료 섭취 실태를 조사하기로 했어요. 지은이가 모둠장이고 친구들 3명이 함께 보고서를 작성하여 제출해야 합니다. 이 보고서의 종류는 무엇일까요? 사회 현상이나 실태를 파악하기 위한 보고서이니 조사 보고서에 속하겠지요. 그리고 이 조사 보고서의 목적은 '우리 반 학생들이 카페인 음료를 얼마나 자주, 얼마큼 많이 마시고 있는지 알아보기'가 됩니다. 조사 대상은 반 학생 전체 25명이고, 방법은 설문 조사 및 인터뷰, 자료 조사로 정할 수 있어요. 그리고 조사 기간은 학기 말 시험이 끝난 2주간을 활용하기로 하였습니다. 그리고 네 명이 역할을 분담했어요. 설문 조사를 해야 하니 설문지의 문항과 내용은 어떻게 구성할 것인지도 토의해 보았어요.

조사 보고서 쓰기 계획

1. 주제: 우리 반 학생들의 카페인 음료 섭취 실태
2. 목적과 필요성: 우리 반 학생들이 적정량의 카페인을 섭취하고 있는지, 문제는 없는지 살펴보기 위하여
3. 탐구 기간 : 20XX년 6월~ 7월
4. 탐구 대상 : 한언 중학교 2학년 3반 25명
5. 탐구 내용과 방법 : 설문 조사, 자료 조사, 면담
6. 준비물 : 설문지, 면담 질문지, 녹음기
7. 역할 분담 : 설문지 조사 : OOO, OOO
   자료 조사 : OOO, OOO
   전문가 면담 : OOO, OOO
   조사 결과 정리 및 보고서 작성 : 모둠원 전체
8. 설문지의 내용 : 마시고 있는 카페인 음료의 종류, 그 음료의 카페인 함량, 카페인 음료를 마시는 빈도, 카페인 음료를 마시는 이유 등

2) 내용 생성하기

다음으로는 계획에 근거하여 실제 탐구나 실험을 실행하거나 자료를 조사합니다. 탐구나 실험을 할 때는 대상을 관찰하거나 실험을 진행하면서 그 내용을 꾸준히 기록해 나가며 자료를 모읍니다.

자료 조사는 직접 조사 방법과 간접 조사 방법을 함께 활용할 수 있습니다. 직접 자료를 수집하는 방법으로는 전문가 면담하기, 직접 대상이나 현장 관찰하기, 설문 조사하기 등이 있어요. 간접적으로 자료를 수집하는 방법으로는 인쇄 매체인 교과서나 전문 서적을 찾아보거나, 영상 매체나 디지털 매체 등에서 정보를 찾아보는 방법이 있습니다. 이때 주의할 점은 기존에 만들어진 자료를 활용할 때 정보의 출처를 정확하게 기록해 두어야 한다는 것이에요.

타인이 만든 자료를 활용할 때는 출처를 분명히 밝혀야 하기 때문입니다. 다른 사람의 자료를 그대로 베끼거나 표절해서는 안 됩니다. 인용해야 할 필요가 있을 때는 어떤 부분을 어디서 가져온 것인지 출처를 함께 적어야 합니다.

직접 조사의 방법 중 하나인 설문 조사를 할 때는 주제에 적합한 설문 대상과 인원수, 문항, 보기를 만들어야 합니다. 설문지의 발문과 보기를 어떻게 만드느냐에 따라 결과가 달라질 수도 있으므로 조사하고자 하는 목적에 알맞게 문항을 구성해야 합니다.

문항에 대한 답변은 주관식 또는 객관식으로 만들 수 있어요. 설문의 답을 객관식으로 할 때는 보기를 '네/아니오'로 할 것인지, 정도에 따라 3개 또는 5개의 정도 표시를 할 수 있도록 할 것인지 등을 정합니다.

의도적으로 설문의 방향을 유도하는 문항이나 왜곡되어 해석할 수 있는 문항을 쓰지 않도록 주의합니다. 객관적인 조사가 될 수 있도록 문항을 구성해야 의미 있는 연구 결과를 얻을 수 있어요.

직접 조사의 다른 방법인 면담은 어떻게 진행할까요? 먼저 사전에 면담 대상자를 정하고 면담 대상자에게 주제와 면담 목적을 설명하고 진행할 수 있는지 여쭤보아야 합니다. 면담이 가능하다면, 면담 일자와 장소를 정하고 녹음해도 되는지 허락을 구합니다. 면담에서 할 질문을 미리 준비하고, 진행하는 동안 내용을 꼼꼼하게 기록합니다. 면담 후에는 면담 내용을 정리하여 활용합니다.

면담 내용 정하기 ⇨ 면담 대상자 정하기 ⇨ 면담 대상자에게 주제와 면담 목적을 설명한 후 면담 여부에 대한 허락 구하기 ⇨ 면담 일자와 장소 정하기 ⇨ 녹음 및 사진, 기록에 대한 허락을 구하고 면담 내용을 기록하며 면담 실시하기 ⇨ 면담에 대한 감사 인사하기 ⇨ 면담 내용을 정리하여 활용하기

면담하기의 진행 단계

이 밖에도 직접 대상이나 현장을 관찰하여 자료를 수집할 수도 있습니다. 현장에 직접 가 볼 때는 안전 수칙에 따라 대상이나 현장을 관찰하고 객관적인 관점에서 관찰 내용을 글과 사진 등으로 기록합니다. 대상의 구조를 관찰하여 그림으로 표현할 수도 있으며 사진이나 동영상으로 기록할 수도 있습니다.

지은이네 모둠 보고서 작성 따라하기 2. 내용 생성하기

지은이네 모둠은 인터넷 매체 자료 조사하기, 방송 매체 자료 조사하기, 설문 조사하기, 전문가 면담하기를 통해 자료를 수집하였어요.

이 중에서 인터넷 매체를 통한 자료 수집의 예시를 함께 볼까요?

인터넷 매체를 통한 자료 수집

자료의 출처는 식품 의약품 안전처 홈페이지고, 내용은 '청소년의 카페인 최대 일일 섭취 권고량에 대한 카드 뉴스'입니다.(https://www.korea.kr/news/policyNewsView.do?newsId=148887836)

설문 조사를 통한 자료 수집 방법은 지은이네 모둠의 활동을 통해 알아볼까요? 지은이와 친구들은 토의를 거쳐 어떤 질문을 구성하고 언제, 어떻게 설문을 실시할지에 대해 이야기를 나누었어요.

지은이네 모둠은 토론을 거쳐 적절하게 설문지를 수정하였어요. 그리고 설문지를 인쇄하여 점심시간을 이용하여 친구들에게 작성을 부탁하였어요. 학급 친구들에게 25장의 설문 결과를 받아서 어떤 의견이 얼마나 나왔는지를 분석해 보기로 했어요. 그리고 설문 조사를 통해 나온 수치를 독자가 이해하기 쉽도록 도표로 나타내기로 했어요.

지은이네 모둠은 카페인 음료가 청소년에게 어떤 영향을 줄 수 있는지 알아보기 위하여 이번에는 전문가 면담을 진행하여 심층적인 자료를 더 모아 보기로 했어요. 보건 선생님께 사전에 허락받고 카페인이 청소년에게 어떤 영향을 미치는지 질문하기로 했어요.

우리 반 학생들의 카페인 섭취 실태 조사 설문지

이 설문 조사를 왜 실시하는지 궁금해 할 거 같아. 설문 조사를 하는 이유에 대해 간단히 소개하면 좋겠어.

* 다음 질문을 읽고 해당하는 것에 표시해 주세요.

현재 섭취 실태를 먼저 알아보기 위한 질문이 먼저 나와야 해. 의견을 묻는 것은 뒤로 구성하는 것이 좋겠어.

1. 청소년의 성장 발달에 나쁜 영향을 주는 카페인을 청소년에게 판매해도 된다고 생각하십니까?

그렇다(　　)　아니다(　　)

카페인에 대한 주관적인 생각을 묻기보다 일주일에 카페인 음료를 섭취하는 횟수나 정도에 대해서 질문해야겠어.

2. 카페인이 건강에 얼마나 나쁘다고 생각하십니까?

조금(　　)　많이(　　)　아주 많이(　　)

우리 반 학생들의 카페인 섭취 실태 조사 설문지

이 설문 조사는 우리 반 학생들의 카페인 섭취 실태 조사 보고서를 작성하기 위한 자료를 수집하기 위해 실시하는 것입니다. 문항에 성실히 답변해 주시면 감사하겠습니다. (모둠원: 구지은, 박지호, 이윤서, 최선우)

* 다음 질문을 읽고 해당하는 것에 표시해 주세요.

1. 음료를 선택할 때 카페인의 함량을 확인하나요?

확인하지 않는다(　　) 확인한다(　　)

2. 청소년의 카페인 섭취 적정량을 알고 있나요?

안다(　　) 모른다(　　)

3. 최근 일주일 동안 카페인 음료를 섭취한 날이 며칠입니까?

0　1　2　3　4　5　6　7

4. 카페인이 들어 있는 음료를 마시는 이유는 무엇입니까?

① 잠에서 깨기 위해서

② 집중력을 높이기 위해서

③ 맛있어서

④ 무카페인 음료 중에는 원하는 것이 없어서

⑤ 기타( )

5. 카페인 음료 섭취로 인한 부작용을 겪은 적이 있습니까?

있다( ) 없다( )

5-1. 있다고 답변했다면, 어떤 부작용을 겪었습니까?

( )

3) 내용 조직하기

탐구 활동을 하거나 조사한 내용을 토대로 결과를 분석하고 자료를 정리하여 보고서를 작성해 봅니다. 관찰하거나 실험을 했을 때 원하는 결과가 동일하게 나오지 않더라도 관찰한 내용을 객관적으로 솔직하게 적는 것이 중요합니다. 탐구 결과를 과장, 축소하거나 변형, 왜곡, 창작하지 않아야 합니다.

4) 표현하기

탐구 결과를 분석한 후에는 보고서의 초고를 작성합니다. 보고서의 내용은 객관적이고 정확해야 합니다. 보고서는 독자가 이해하기 쉽도록 명료하게 작성해야 합니다. 사진, 그림, 도표 등의 자료가 필요하다면 함께 만들어서 첨부하면 독자의 이해를 높일 수 있어요.

일반적으로 보고서는 탐구 목적과 필요성, 탐구 기간, 탐구 대상, 준비물, 탐구 과정, 탐구 결과 분석으로 구성됩니다. 보고서의 주제에 따라서 보고서의 목차는 달라질 수 있어요. 만약 여러 명이 보고서를 함께 작성했다면 역할을 어떻게 분담했는지를 기록합니다. 또한 설문지나 다른 준비물을 사용했다면 그 내용을 덧붙일 수도 있습니다. 수집한 자료를 토대로 보고서의 초고를 '서론-본론-결론'의 형식을 갖추어 작성해 봅니다.

지은이네 모둠 보고서 작성 따라하기 3. 표현하기

지은이네 모둠은 다음 목차에 따라 초고를 작성해 보았어요. 조사의 과정과 결과가 모두 잘 드러날 수 있도록 표현하였어요.

우리 반 학생들의 카페인 섭취
실태 조사 보고서

한언중 3학년 2반 OO 모둠(구지은, 박지호, 이윤서, 최선우)

- 목차 -

조사 목적과 필요성

조사 기간과 탐구 대상

준비물

모둠원 역할 분담

조사 과정

조사 결과 분석

내용 요약

소감

설문지, 면담지 양식

5) 고쳐쓰기 및 점검하기

마지막으로 다음 표의 질문을 참고하여 작성한 보고서를 검토해 봅니다. 보고서의 구성 요소 중에서 빠진 것은 없는지, 사진, 그림, 도표 등이 적절하게 들어가 있는지, 조사 결과를 왜곡하거나 변형하지 않고 사실에 근거하여 작성하였는지, 인용한 자료의 출처를 정확하게 기록하였는지, 명료하고 간결한 표현을 사용하였는지 등을 확인해 봅니다. 이렇게 모든 항목에서 이상이 없다면, 보고서가 완성됩니다.

평가 내용	평가
보고서의 구성 요소가 모두 드러나 있는가?	☆ ☆ ☆
사진, 그림, 도표 등을 적절하게 활용하였는가?	☆ ☆ ☆
조사 결과를 왜곡하거나 변형하지 않았는가?	☆ ☆ ☆
인용한 자료와 참고한 자료의 출처를 정확하게 기록하였는가?	☆ ☆ ☆
독자가 이해할 수 있도록 명료하고 간결하게 표현하였는가?	☆ ☆ ☆

고쳐쓰기 및 점검하기 평가 표

지은이네 모둠 보고서 작성 따라하기 4. 고쳐쓰기 및 점검하기

지은이네 모둠은 함께 보고서를 점검해 보던 중 '참고 문헌'이 누락되었다는 것을 알게 되었어요. 그리고 결과 분석에 대한 설명에 덧붙여 분석 결과를 도표로 나타내 보기로 했어요. 이 내용을 수정하고 보충하고 보고서를 완성하였어요. 지은이네 모둠은 평가표의 별점을 꽉 채우고 난 뒤, 조사 보고서를 제출했어요.

지금까지 설명하는 글 쓰기의 개념, 종류, 과정, 유의점 등을 살펴보았어요. 이제 설명하는 글을 잘 쓸 수 있다는 자신감을 가지고 여러분들이 자신만의 글을 직접 써 볼 단계입니다. 글은 처음부터 완벽하게 쓰는 것이 아니라 계획하고 자료를 수집하고 고쳐 쓰며 완성해 나가는 것이라는 점을 기억하고, 독자들이 이해하기 쉽게 설명하는 글을 써 보도록 합시다.

이것만은 알아 두세요

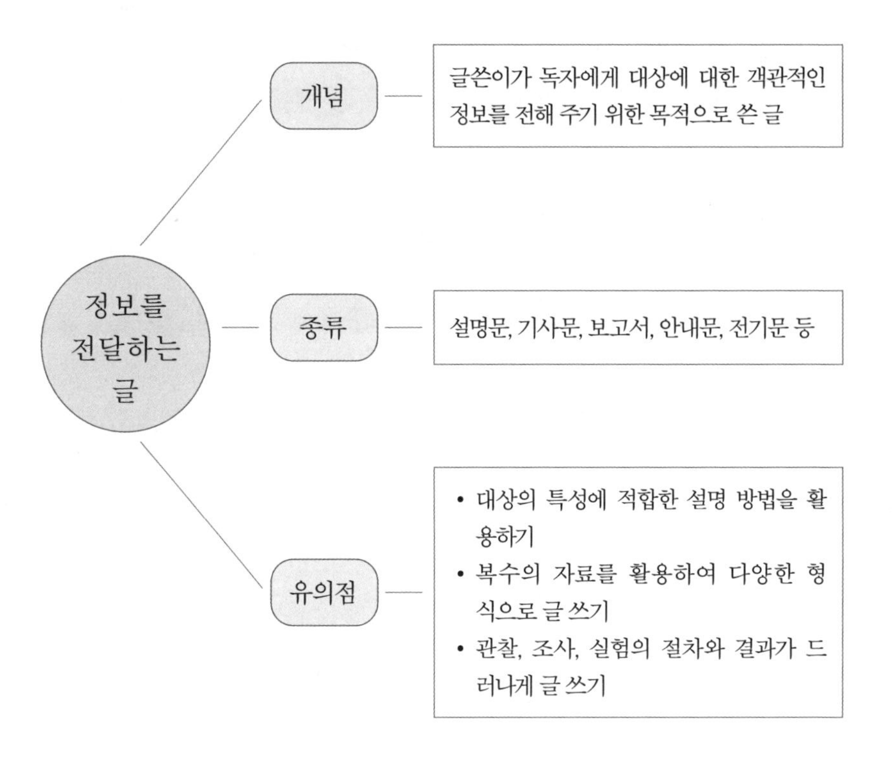

정보를 전달하는 글
개념
글쓴이가 독자에게 대상에 대한 객관적인 정보를 전해 주기 위한 목적으로 쓴 글
종류
설명문, 기사문, 보고서, 안내문, 전기문 등
유의점
• 대상의 특성에 적합한 설명 방법을 활용하기
• 복수의 자료를 활용하여 다양한 형식으로 글 쓰기
• 관찰, 조사, 실험의 절차와 결과가 드러나게 글 쓰기

풀어 볼까? 문제!

1. '설명하는 글'에 대한 설명 중 옳은 것은 O, 틀린 것은 X해 봅시다.

- 설명하는 글은 개인적인 감상과 느낌을 주관적으로 쓰는 글이다. (   )

- 설명하는 글을 쓸 때는 한 가지 자료만을 활용하여야 한다. (   )

2. 다음 주제에 적합한 보고서의 종류를 연결해 봅시다.

① 우리 학교 급식에 대한 학생 만족도 •	• 관찰 보고서
② 토마토의 생장 과정과 변화 •	• 조사 보고서
③ 물의 양에 따른 끓는점의 변화 •	• 실험 보고서

3. 다음 대상의 특성에 적합한 설명 방법을 써 봅시다.

- 설명 대상: 가상 현실과 증강 현실의 공통점과 차이점

정답

1. X, X

2. ① 조사 보고서 / ② 관찰 보고서 / ③ 실험 보고서

3. 비교와 대조

주장하는 글을 써요

다음의 이미지는 어떤 주장을 담고 있습니다. 보는 사람에게 특정한 행동을 하자고 설득하고 있지요. 바로, 분리수거와 관련한 내용인데요. 보는 사람에게 쓰레기를 버릴 때 분리배출 방법을 잘 기억하고 실천해 달라는 주장을 전달하고 있지요.

환경부의 분리배출 안내 포스터

우리 주변에서 주장하는 글을 더 찾아볼까요? 특정 기관이나 단체에 의견을 제시하는 건의문, 텔레비전의 상품 광고, 신문의 사설, 게시판에 붙어 있는 공익 광고, 토론문이나 연설문 등은 모두 주장하는 글에 속합니다. 이렇게 우리 생활 속에서 주장하는 글은 다양하게 쓰이고 있습니다.

한언 신문 사설

사설위원 OOO

20XX.OO.OO

장애인 시설에 대한 점검 및 관리, 철저히 해야

장애인을 위한 편의 시설은 평등한 권리에 의해 보장받아야 한다. 그러나 장애인 편의 시설이 부족함은 물론 어렵게 마련한 시설조차 관리 부실로 실제로 이용하기 어려운 문제가 있다.

지난해 발표한 장애인을 위한 OO구 화장실 실태 조사 결과에 따르면, 실제로 사용이 가능한 화장실은 20%에 불과하였다. 나머지 장애인 화장실은 문이 닫혀 있거나 물건이 적치되어 실제로 사용이 불가능했다.

여러 가지 장애인 편의 시설이 모두 중요하지만 특히 화장실은 가장 기본적인 것이라고 할 수 있다. 각 지자체에서는 사용할 수 없는 장애인 시설들의 현황을 파악하고 보수하고 관리하여 실제로 장애인이 이용할 수 있도록 관리해야 한다.

위의 예시문처럼 여러분이 주장하는 글을 쓸 수 있다면 개인적으로 원하는 주장을 설득력 있게 할 수 있을 뿐만 아니라, 사회적 문제에 대해서도 의견을 제안할 수 있어요. 또는 주장하는 글을 써서 여러 매체를 통해 많은 사람에게 널리 알리며 자신의 주장에 대해 동의를 구할 수도 있습니다. 주장하는 글을 쓰는 일이 막막하고 어렵게 느껴진다면, 함께 글을 써 볼까요? 한 번만 읽으면 여러분도 주장하는 글을 완성할 수 있어요!

주장하는 글의 개념과 종류

글쓴이가 주장과 근거를 담아 독자를 설득하기 위한 목적으로 쓴 글을 주장하는 글이라고 해요. 주장하는 글은 글쓴이가 자신의 주장을 담아 타당한 근거를 들어 상대방을 설득하기 위한 목적이 있어요. 글쓴이는 글을 통해 독자들이 글쓴이의 주장에 동의하게 만들고, 독자의 생각, 태도, 행동 등을 변화시키고자 하지요.

주장하는 글을 쓸 수 있다면 어떤 점이 좋을까요? 내가 필요한 것을 설득력 있게 주장할 수 있다면 상대방의 동의를 얻고 원하는 바를 이룰 수 있겠지요. 타당한 근거를 들어서 자기 주장의 설득력을 높일 수 있는 능력은 살아가는 데 꼭 필요하다고 할 수 있어요.

개인적으로 필요한 것을 주장할 수도 있지만, 더 나아가 우리 사회의 중요한 문제들에 대해서 주장하고 설득하는 상황도 마주하게 됩니다. 설득하는 글은 우리 사회의 다양한 문제를 해결해 나가는 기능이 있어요. 우리 사회에는 서로 다른 다양한 의견들이 있습니다. 사람마다 생각이 다를 수 있기 때문에, 서로 의견을 교류하거나 상대방을 설득하여 합의점을 이끌어 내며 문제의 해결점을 찾아 나가야 합니다. 예를 들어 어떤 사람은 학교에서 학생의 휴대 전화 사용을 제한해야 한다고 생각하는 반면에 또 다른 사람은 학생이 휴대 전화를 자유롭게 사용할 권리가 있다고 생각하기도 하지요.

우리가 함께 살아가기 위해서는 사회 문제에 관해서도 서로 다른 의견을 내고 조율하고 설득하는 과정이 필요한데 바로 이럴 때 설득하는 글이 중요한 역할을 할 수 있지요. 예를 들어 우리나라 정치 제도와 관련한 법 개정을 주장하는 글이 있다면, 이 또한 우리 사회 제도를 개선해 나가기 위한 목적을 담은 주장하는 글이라고 할 수 있어요. 이렇게 우리 사회는 주장하는 글을 통하여 많은 논의와 협의가 이루어지며 발전하고 있답니다.

그렇다면 주장하는 글에는 어떤 것들이 있을까요? 논설문, 건의문, 비평문, 연설문, 사설, 칼럼, 서평, 광고문 등이 있습니다.

논설문	어떤 주제에 관하여 자기의 생각이나 주장을 체계적으로 밝혀 쓴 글
건의문	개인이나 단체가 개선이 필요한 부분에 대한 의견을 제안하고자 작성한 글
비평문	사물의 옳고 그름, 아름다움과 추함 따위를 분석하여 가치를 논한 글
사설	시사 문제에 대하여 신문사 또는 출판사가 자신의 책임으로 표명하는 의견이나 주장
칼럼	신문, 잡지 따위의 특별 기고. 주로 시사, 사회, 풍속 따위에 관하여 짧게 평을 적은 글
서평	책의 내용을 소개하고 의견을 밝히는 글
광고문	상품이나 서비스에 대한 정보를 여러 가지 매체를 통하여 소비자에게 널리 알리기 위해 작성한 글

먼저 주장하는 글 중 가장 대표적인 논설문에 대해 자세히 알아봅시다.

논설문

논설문은 자신의 주장에 대해 근거를 들어 상대방의 동의와 설득을 구하는 글입니다. 논설문에는 주장과 근거가 담겨 있습니다. 주장의 사전적 의미는 '자신의 의견이나 주의를 굳게 내세우는 것, 그런 의견'을 뜻합니다. 논설문의 주제는 다양한 것들이 될 수 있어요.

논설문을 쓰기 위해서는 내가 무엇을 주장하고 싶은지를 생각해 보아야 합니다. 평소 생활하며 개선했으면 좋겠다고 생각했던 점을 떠올려 보세요. 우리 동네나 학교, 또는 사회에서 변화가 필요하다고 느낀 것은 무엇이었나요? 우리 학교에서 평소 불편했던 점이나 개선하였으면 했던 것을 주제로 삼을 수도 있어요. 동네에서 위험했던 장소나 고쳐야 할 부분 등에 대해서 글을 쓸 수도 있겠지요.

최근 뉴스나 신문을 살펴보면서 사회 문제 중에서 관심 있는 분야를 찾아보는 것도 좋은 방법입니다. 뉴스나 신문의 사설 및 칼럼 부분을 살펴보세요. 이때 청소년 뉴스나 교육 뉴스를 살펴보면 청소년과 관련된 주제를 찾을 수 있어요.

평소 주장하고 싶었던 것, 변화가 필요하다고 느꼈던 점을 찾아보세요.

1. *우리 주변에서 찾아보기*

- *학교에서 개선이 필요하다고 느꼈던 것*
- *우리 동네에서 개선이 필요하다고 느끼는 부분*
- *우리 사회 전체를 위해서 바라는 점*
- *친구들이 함께 실천했으면 하는 것*

2. *뉴스나 신문을 통해 문제 찾아보기*

- *뉴스나 신문을 통해 관심 있는 분야의 문제 찾아보기*
- *청소년 뉴스 찾아보기*

주장을 정할 때 고려할 점이 있어요. 첫째, 이미 해결된 일보다는 앞으로 해결해야 할 필요가 있는 문제에 대해 주장을 펼치도록 합니다. 둘째, 현실적으로 불가능한 주장을 하지 않도록 하고 글쓴이와 독자가 노력을 통해 해결할 수 있는 주장을 선택하는 것이 좋아요. 셋째, 자신의 주장이 사회·문화적 맥락 안에서 수용 가능한지 점검해 봅니다. 주장하는 글을 공유하고 함께 실천해 나갈 공동체가 사회·문화적으로 받아들일 수 있는 내용인지를 생각해 보도록 합니다. 같은 주장이어도 특정 사회·문화에서는 받아들이기 어려울 수 있고 다른 사회·문화에서는 설득력 있는 주장일 수도 있기 때문입니다.

논설문은 '서론-본론-결론'으로 구성합니다. 독자가 처음 읽는 부분인 서론에서는 독자의 관심을 끌고 글의 주제, 글을 쓴 동기나 배경을 제시합니다. 자신이 왜 이러한 주장을 하게 되었는지 문제점을 제기하고 변화가 필요하다는 점을 설명할 수 있어요. 본론은 글의 핵심적인 부분으로, 타당한 근거를 들어 주장을 논리적으로 작성합니다. 또는 예상되는 반론이나 문제점에 대해서 해결 방안을 제시할 수 있어요. 결론에서는 자신의 주장을 다시 한번 강조하고 생각이나 행동의 변화를 촉구하며 마무리하도록 합니다.

서론	동기, 목적, 독자의 관심 유도, 문제 상황 제시하기
본론	주장과 근거를 펼침, 예상되는 반론에 대한 근거 제시
결론	전체 내용 요약 및 강조, 마무리

논설문의 구성

주장하는 글은 일반적으로 다음과 같은 순서로 작성합니다. 그러나 우리가 앞에서도 배운 바와 같이 글을 쓰는 과정은 고정된 것이 아니라 회귀적이고 상황에 따라 적절하게 조정할 수 있다는 점을 잊지 마세요!

단계	내용
계획하기	개선이나 변화가 필요한 문제를 발견하기 다양한 입장을 살펴보고 주장 정하기
내용 생성하기	주장을 뒷받침할 수 있는 타당한 근거 마련하기
내용 조직하기	주장과 근거를 토대로 구성하기
표현하기	사회·문화적 맥락, 통일성, 응집성을 고려하여 설득력 있게 글 쓰기
고쳐쓰기 및 점검하기	글을 전체적으로 점검하고 완성하기

논설문의 작성 단계

글을 통해 나의 주장을 다른 사람들에게 전하고 독자가 나의 생각에 동의하게 만들어 행동의 변화를 이끌어 낸다는 것은 대단한 능력이지요. 글을 쓰는 능력은 갑자기 생긴다기보다 운동처럼 조금씩 평소 연습을 통해 발전하는 것입니다. 그럼 이제부터 주장하는 글 쓰기를 위한 전략을 살펴봅시다.

주장하는 글의 쓰기 전략

주장을 뒷받침해 주는 타당한 근거 들기

다음 상황 1과 상황 2의 대화를 살펴봅시다.

상황 1

엄마 휴대 전화 새 걸로 사 주세요!

엄마

갑자기? 왜 또 휴대 전화를 바꿔야 하니?

엄마

새로 나왔다고 또 사기는
어려울 것 같구나.

상황 2

엄마, 저 새 휴대 전화 사 주시면 안 될까요?

엄마

갑자기? 왜 또 휴대 전화를 바꿔야 하니?

이 휴대 전화를 쓴 지 3년이 넘어서 액정이
깨져서 사용하기 위험해요.
그리고 제가 보는 학습 동영상이 지금 휴대
전화에서는 잘되지 않아요.
새 휴대 전화 사 주시면 소중하게 잘 쓸게요.

엄마

흠…. 그렇구나!
좋아. 그럼 새 휴대 전화를 이번
다가오는 생일 때 사 줄게! ^^

엄마 고마워요 ♥

두 대화 모두 새 휴대 전화가 필요하다고 주장하고 있지만 상황 1에서는 엄마를 설득할 수 없었던 반면, 상황 2에서는 엄마를 설득할 수 있었습니다. 상대방을 설득할 수 있었던 이유는 무엇일까요? 두 대화에서 '나'는 모두 새 휴대 전화를 사달라고 주장하고 있어요. 그러나 차이점이 있어요.

상황 1에서는 아무 근거를 말하지 않고 주장만 하고 있어요. 새 휴대 전화가 출시되었다는 것은 주장에 대한 타당한 근거가 되지 못하기 때문에 상대방을 설득할 수 없었던 것이지요. 따라서 엄마는 왜 새 휴대 전화를 사 주어야 하는지 공감하거나 동의할 수 없었어요.

반면에 상황 2에서는 새 휴대 전화가 필요한 이유에 대해 근거를 들어 설명하고 있어요. 그 이야기를 들은 엄마는 그런 이유라면 충분히 새 휴대 전화를 사 줄 만하다고 생각할 수 있겠지요. 이처럼 주장을 할 때는 타당한 근거를 들어야 설득력을 가질 수 있습니다.

근거는 '주장을 뒷받침하는 바탕이나 까닭'을 의미합니다. 만약 주장만 하고 근거를 들지 않으면 어떻게 될까요? 상대방을 설득하지 못하고 자신이 원하는 목적을 이루기 어렵겠죠. 반대로 타당한 근거를 들어 논리적으로 이야기한다면 어떨까요? 상대방이 나의 의견을 듣고 나의 의견을 수용하고 기꺼이 동의할 수 있을 것입니다. 이렇게 주장하는 글은 그 글을 통하여 독자에게 나의 주장이 타당함을 증명해 보여야 하는데 이때 주장의 설득력을 높이는 것이 바로 타당한 근거입니다.

타당한 근거를 들기 위해서는 먼저 다양한 자료를 수집해야 합니다. 다양한 자료를 토대로 자신의 주장에 대한 근거가 신뢰할 만한 것인지, 더 타당한 근거는 없는지 확인해 봅니다. 타당한 근거를 마련하기 위해서 다양한 자료를 수집하고 그중에서 믿을 수 있으며 유용한 자료를 선정합니다. 자료는 인쇄 매체, 영상 매체, 인터넷 매체 등에서 찾을 수 있어요. 자료를 수집할 때는 주장을 뒷받침할 수 있고, 신뢰성을 갖춘 자료를 선정해야 해요. 이러한 기준을 갖고 정보를 수집하여 다시 한번 타당한 근거로 어떤 내용을 쓸 수 있을지 적어 보세요. 근거는 논리적이고 객관적으로 납득할 수 있어야 합니다. 주장에 대한 근거를 마련할 때는 다음 질문에 답하며 근거의 타당성을 따져 봅니다.

주장	☐ 구체적이고 명료한가? ☐ 합리적이고 실현 가능성이 있는가? ☐ 사회에서 받아들일 만한가?
근거	☐ 관련성: 주장과 관련이 있는가? ☐ 타당성: 주장을 뒷받침할 만한가? ☐ 예상되는 반론에 대한 해결 방안을 제시하고 있는가?

주장과 근거에 대한 평가 항목

나의 주장을 한 편의 글로 정리하여 쓸 수 있다는 것은 상대방을 설득하는 힘이 길러진다는 의미입니다. 누군가를 설득하기 위해서는 타당한 근거를 제시할 수 있어야 하죠. 주장에 맞는 타당한 근거를 찾기 위해서, 사전에 충분히 자료 조사를 하기도 하고 반론에 대한 대안도 미리 생각하여 정리하는 과정을 거치게 됩니다. 이러한 과정을 통해 타당한 근거를 갖추어 나가며 주장의 설득력을 높일 수 있어요.

사회·문화적 맥락을 고려하기

앞서 2장에서 사회·문화적 맥락이 무엇인지 알아보았지요. 사회·문화적 맥락이란 언어 공동체가 처한 사회·문화적 상황을 말합니다. 주장하는 글을 쓸 때 역시 사회·문화적 맥락을 고려하고 주장과 근거가 그 사회에서 수용될 수 있는 것인지 고려해 보아야 합니다.

예를 들어 〈심청전〉의 주제를 살펴봅시다. 〈심청전〉이 만들어지고 향유되던 조선 시대는 유교 사상이 중요하게 작용하던 때였습니다. 그래서 심청의 효심이 주제가 되고, 자신을 희생해서라도 부모님을 위한다는 주제를 교훈으로 삼는 것이 당연하게 받아들여졌어요. 그러나 현대 사회에 들어 사람들의 가치관이 변화하였고 이에 따라 '효심'이라는 개념의 정의도 달라졌습니다. 이에 따라 〈심청전〉을 본 독자들은 글의 주제에 대한 적절성 여부를 과거와 달리 평가하기도 하며, 심청이가 다른 방법으로 효심을 표현할 수 있었다면 더 좋았을 것이라는 의견도 등장하고 있지요.

이렇듯 같은 글이어도 그 글이 어떤 사회·문화적 맥락에서 전달되고 있는지에 따라 당연히 받아들일 수 있는 내용이 되기도 하고, 반대로 담화 공동체가 받아들이기 힘든 내용이 되기도 합니다.

사회·문화적 맥락을 고려하여 글을 쓰는 것은 모든 종류와 모든 절차에서 고려되어야 할 점입니다. 특히 주장하는 글을 쓸 때는 주장과 근거가 그 담화 공동체의 사회·문화적 맥락에 비추어 보았을 때 받아들일 만한 것인지를 판단해 보도록 하세요.

주장하는 글 쓰기의 실제 - 논설문 쓰기

논설문을 쓰고 있는 희서의 이야기를 들여다봅시다. 희서는 학교에서 논설문을 쓰게 되었어요. 희서는 뉴스를 통해 개인정보보호위원회의 보도 자료를 보고 '잊힐 권리'에 대해 알게 되어 이것을 주제로 논설문을 쓰기로 했어요. 희서가 논설문을 쓰는 과정을 함께 살펴봅시다.

계획하기 - 문제 상황 발견하기, 자신의 입장 정하기

논설문을 쓰기 전에 어떤 것을 계획해야 할까요? 먼저 무엇을 주장하고 싶은지를 생각해 봅니다. 보통 논설문은 어떤 문제 상황을 발견하고 그 문제 상황을 해결하려는 방안으로 주장하는 글을 쓸 수 있습니다. 문제 상황을 발견하였으면 그 문제에 대한 다양한 입장을 살펴보고 그중에서 나의 주장을 정합니다. 주장은 현실적으로 실천할 수 있으며 구체적인 것이 좋습니다. 그리고 이 주장이 사회·문화적인 맥락에서 받아들여질 수 있는 내용인지도 생각해 보아야 합니다. 주장은 명확하고 분명해야 하며 사회적 관습이나 신념에도 적합해야 합니다.

▶ tips! ◀ 주장 정하는 법

- 관련 분야의 쟁점(서로 다투는 중심이 되는 점)이 무엇인지 찾아보기
- 쟁점에 따른 다양한 입장이 무엇인지 정리해 보기
- 다양한 입장 중 나의 의견과 일치하는 것 정리해 보기
- 사회적 관습이나 신념에 비추어 적합한 주장인지 생각해 보기

희서의 논설문 작성 따라하기 1. 계획하기

희서는 뉴스에 나왔던 '잊힐 권리'에 대한 개인정보보호위원회의 보도 자료를 자세히 찾아보았어요. 그 보도 자료는 '아동·청소년 디지털 잊힐 권리 시범 사업' 시작을 알리는 글이었어요. 희서는 이 자료를 보고 잊힐 권리가 중요하다는 사실을 알았어요. 개인이 원하지

않는 정보나 잘못된 정보는 삭제하거나 수정하는 것이 맞지만 한편으로는 잊힐 권리를 주장하기 위해 사람들이 기억해야 할 것까지 삭제하는 것은 아닌지 우려했어요. 정치적으로나 도덕적으로 잊힐 권리가 남용되면 오히려 알 권리를 침해하거나 언론 조작이 가능할 수도 있기 때문이에요. 희서는 이러한 근거를 들어서 논설문을 쓰기 위한 계획을 세웠어요. 그리고 다음과 같이 글의 목적, 예상 독자, 전달 매체를 구체적으로 적어 보았어요.

나는 (나의 주장: 인터넷 사회의 혼란을 방지하기 위해 제도의 사용이 최대한 지양되어야) 한다고 생각해.
(예상 독자: 우리 학교 신문 독자인 학생, 학부모, 선생님)이/가
나의 주장에 동의해 주었으면 좋겠어.
내 글은 (전달 매체: 학교 신문) 을 통해서 전달해야겠어.

그다음 잊힐 권리에 대한 쟁점을 살펴보고 대립하는 두 의견 중에 자신의 입장을 선택했어요.

쟁점:잊힐 권리, 어디까지 인정해야 할 것인가

근거 마련하기 – 타당한 근거가 되는 자료 수집하기

자신의 주장을 입증하기 위해서는 타당한 근거를 들어야 합니다. 그래야 다른 사람의 생각이나 행동을 바꿀 수 있겠지요. 주장에 대한 근거로 어떤 것을 들 수 있을지 생각하여 다양한 매체를 바탕으로 근거를 수집할 수 있습니다. 주장하는 글을 쓸 때는 근거의 개수가 정해져 있지는 않지만, 일반적으로 2~3개의 근거를 드는 것이 적절합니다.

희서의 논설문 작성 따라하기 2. 근거 마련하기

희서는 자신의 주장을 뒷받침할 수 있는 근거를 마련하기 위해 다양한 자료를 수집하였어요.

자료의 출처	자료의 내용
학술 논문	잊힐 권리와 프라이버시(장철준, 한국정보법학회)
인터넷 홈페이지 자료	법제처 국가법령정보: 저작권법[법률 제19410호] https://www.law.go.kr/법령/저작권법
	개인정보보호위원회의 조사 결과 https://www.pipc.go.kr/np/
뉴스	위키피디아의 설립자 지미 웨일스의 의견 인용 출처: 경향신문(2014.08.07.) https://m.khan.co.kr/it/it-general/article/201408072128505#c2b
	영국의 문화장관 사지드 자비드의 의견 인용 출처: 연합뉴스(2014.11.12.) https://www.yna.co.kr/view/AKR20141112165700085
	단국대 법과대학 장철준 교수의 인터뷰

수집한 자료의 출처와 내용

내용 조직하기 – 주장과 근거를 토대로 개요 작성하기

주장과 근거가 마련되었다면 '서론-본론-결론'에 따라 개요를 작성합니다. 내용을 조직하는 것은 자료의 순서와 분량의 비중을 생각하면서 글의 뼈대를 만드는 작업입니다. 글의 맥락을 고려하여 '서론-본론-결론'에 맞게 개요를 작성합니다.

희서의 논설문 작성 따라하기 3. 내용 조직하기

다음은 희서가 작성한 개요입니다.

논설문 개요서

1. 글을 쓰는 상황 맥락
- 글을 쓰는 목적: 인터넷 사회의 혼란을 방지하기 위해 잊힐 권리 제도의 사용을 최대한 지양하기 위해
- 주장: 인터넷 사회의 혼란을 방지하기 위해 잊힐 권리 제도의 사용을 최대한 지양하자
- 예상 독자: 학교 신문 독자(학생, 학부모, 교사 등)
- 매체: 학교 신문 사설란
- 분량: 500~700자

2. 사회·문화적 맥락: 현대 사회에 인터넷 매체의 활용은 필수적이며 이에 따라 자신이 원하지 않는 정보를 삭제할 수 있는 '잊힐 권리'

의 중요성이 점차 대두되고 있다.

3. 서론, 본론, 결론의 구성

서론	글을 쓴 동기, 배경 제시 문제 상황 제시, 용어 정의
본론	근거 1) 잊힐 권리를 통해 표현의 자유와 언론의 자유를 잃을 수 있다. 근거 2) 잊힐 권리 제도는 공인 혹은 정치인 등의 범죄 기록 은폐에 악용될 수 있다. 근거 3) 잊힐 권리의 삭제 내용에 대한 불분명한 정의 또한 문제를 일으킬 수 있다.
결론	주장 요약 강조 독자의 생각이나 행동의 변화 촉구

표현하기

초고 쓰기는 개요를 토대로 구체적으로 표현해 나가는 단계입니다. 서론, 본론, 결론의 구성 단계를 생각하면서 통일성과 응집성을 갖출 수 있도록 글을 씁니다.

서론에서는 글을 쓴 동기, 배경 제시, 문제 상황 제시, 용어 정의 등의 내용을 작성합니다. 왜 이러한 문제에 대해서 논의할 필요가 있는지, 현재 어떤 의견들이 대립하고 있는지, 주장과 관련한 주요 개념은 무엇인지를 정의하는 부분입니다. 본론은 본격적으로 주장하면서 근거를 제시하는 단계입니다. 일반적으로 본문은 '근거 1', '근거 2'의 두 문단 정도로 구성되지만, 근거가 3개 이상이 될 수도 있고, 근거 1과 근거 2를 작성한 후, 예상되는 문제나 반론에 대해 쓸 수도 있습니다. 마지막 결론에서는 근거를 요약하고 주장을 강조하며 마무리하거나 독자의 생각과 행동 변화를 촉구하는 내용을 담습니다.

희서의 논설문 작성 따라하기 4. 표현하기

희서는 다음과 같이 논설문의 초고를 작성하였어요.

제목: 잊힐 권리, 부작용은 없는가?

서론

시대가 변화하고 정보 통신 기술이 발전함에 따라 인터넷은 거대한 소통의 창구로 진화하고 있다. 타인과의 소통, 창작물 및 일상의 게재가 자유로운 SNS는 오늘날 하나의 사회로 자리 잡았다. 이러한 변화는 우리 삶에 큰 편의를 가져다주었지만, 한편으로는 인터넷을 통한 개인 정보 누출 사고가 우려되기도 한다. → 배경 제시 이러한 문제가 계속해서 야기되자, 2010년 초 유럽 연합을 시작으로 자신과 관련된 게시물에 대한 삭제권을

→ 용어 정의

갖는 이른바 '잊힐 권리'라는 제도가 도입됐다. 잊힐 권리를 통해 사람들은 자신의 정보가 공공연히 퍼지지 않도록 방지할 수 있다. 하지만 이 제도가 과연 인터넷 사회에 떠도는 혼란을 방지할 이로운 수단일까? → 문제 제기

'잊힐 권리'가 시행됨에 따라 생기는 모순이 있다. 바로 '자유'라는 개념의 충돌이다. 잊힐 권리 제도를 통해 사람들이 보호받고자 하는 것은 '사생활의 자유'이다. 하지만 ①잊힐 권리를 통해 사람들은 표현, 그리고 언론의 자유를 잃는다. 잊힐 권리를 주장하며 사용자가 삭제를 요청한 게시물은 디지털 장의사 등의 검색 서비스 담당자가 처리하게 된다. 일각에서는 이 과정이 사전 검열에 해당하는 것이 아니냐는 우려가 제기되고 있다. 잊힐 권리를 근거로 사전 검역, 즉 인터넷 검열이 시작된다면 대중들은 언론의 자유를 잃는다. 삭제되는 게시물들이 잊힐 권리 때문인지, 정부 또는 기업의 악의적 검열이었는지 알 길이 없기 때문이다. 이에 위키피디아의 설립자 지미 웨일스는 '앞으로 비도덕적이고 심각한 정보 검열이 우려된다'며 걱정을 표했고, 영국의 문화장관 사지드 다비드도 역시 '검열의 뒷문을 열어 준 것이나 다름없다'는 입장을 내세웠다. 이렇게 잃은 언론의 자유를 통해 대중들은 오히려 '알 권리'를 침해당했다고 주장할 수 있다.

근거①

본론

더 나아가, ②잊힐 권리 제도는 공인 혹은 정치인 등의 범죄 기록 은폐에 악용될 수 있다. 비리, 마약, 범죄 등의 기록을 악의적으로 편집하는 데 이 제도를 남용할 가능성을 지울 수 없고, 결과적으로 신분 세탁의 수단이라고도 할 수 있다. 공인 혹은 정치인뿐만 아니라, 우리 사회에서는 학교 폭력 가해자 등

근거②

의 악용이 문제가 된다. 개인정보보호위원회에 의하면 23년 7월 30일 기준 잊힐 권리 서비스의 전체 신청자 중 37%가 중고등학생 사용자로 이 통계를 통해 학교 폭력 가해자들의 기록 은닉에 대한 문제를 제기하지 않을 수 없다. 잊힐 권리는 도덕적 윤리에 어긋나는 사항은 삭제하지 않는다는 원칙을 내세우지만 이에는 정확한 기준이 존재하지 않아 더한 혼란과 우려를 불러일으키고 있다.

통계 자료를 인용하여 설득력을 높임.

③잊힐 권리의 삭제 내용에 대한 불분명한 정의 또한 문제가 된다. 앞서 언급했듯 잊힐 권리 서비스에는 확실한 삭제 기준이 존재하지 않는다. 도덕적인 문제가 거론되는 사안은 삭제 요청이 불발된다고 해도, 도덕과 비도덕을 가르는 기준이 과연 어떻게 될까? 이와 같은 의문이 쇄도하자 단국대 법과대학의 장철준 교수는 논문을 통해 추상적 개념의 지위에서 우열을 견주는 것은 쉽지 않으며, 이는 정의롭지 않은 결과를 도출할 가능성이 있을 뿐만 아니라 개인적이고 사적인 내용을 공익이라는 기준을 적용해 형량하는 것은 한결같은 공정성을 유지하기 힘들다고 언급했다. 이렇듯, 잊힐 권리의 미흡한 처리 기준과 철학이 오히려 악의적인 결과로 이어질 가능성이 있으며, 이는 더한 혼란을 가져올 수 있다.

근거③

전문가의 논문을 인용함.

결론

잊힐 권리는 우리 사회에 부정확하고 불분명한 제도가 되어 이미 잡혀 있는 체계와 질서에도 위협이 될 만한 가능성이 있다. 잊힐 권리를 시행하기 위해서는 정확한 기준을 제시하고 남용 및 악용을 방지할 확실한 방법이 필요할 것으로 보이며, 그 수단이 완벽히 정립되기 이전까지는 인터넷 사회의 혼란을 방지하기 위해 제도의 사용이 최대한 지양되어야 할 것으로 판단된다.

주장을 요약하고 강조함.

서론에서는 문제 상황에 대한 배경을 제시하고 용어 정의를 한 후, 문제를 제기하였어요. 본론에서는 세 가지 근거를 들어 주장을 뒷받침하고 통계 자료와 전문가의 의견을 인용하였어요. 결론에서는 자신의 주장을 다시 한번 강조하며 마무리했군요.

고쳐쓰기 및 점검하기

초고를 작성한 후에는 다음의 평가 내용에 맞추어 검토하고 고쳐 씁니다. 특히 논설문에서는 주장이 명료하게 제시되어 있는지, 근거가 타당한지, 주장과 근거가 사회·문화적 맥락에서 받아들일 수 있는지 판단해 보도록 합니다.

평가 내용	평가
제목이 주장을 잘 드러내는가?	☆ ☆ ☆
주장이 명료하게 드러나는가?	☆ ☆ ☆
주제와 어긋나는 내용은 없는가?	☆ ☆ ☆
근거가 주장을 타당하게 뒷받침하는가?	☆ ☆ ☆
주장과 근거가 사회·문화적 맥락에서 받아들일 수 있는 것인가?	☆ ☆ ☆
서론–본론–결론의 형식에 맞추어 작성하였는가?	☆ ☆ ☆
어법에 맞게 작성하였는가?	☆ ☆ ☆

고쳐쓰기 및 점검하기 평가 표

희서의 논설문 작성 따라하기 5. 점검하기 및 고쳐쓰기

희서는 평가 내용을 참고하여 초고를 점검해 본 후 논설문을 완성하였어요. 그리고 학교 신문 사설란에 글을 투고했습니다. 학생들은 희서의 논설문을 보고 '잊힐 권리'에 대해 생각해 보는 기회를 가질 수 있었습니다.

[✓ 더 알아보기]

수호의 건의문

수호의 이야기를 살펴봅시다. 수호가 자주 다니는 OO 사거리에 횡단보도가 있습니다. 그런데 길을 건널 때마다 사람들이 미처 다 건너지 못했는데 신호등의 보행 신호가 빨간불로 바뀌어 버리는 장면을 종종 목격했습니다. 수호는 주민센터의 시설 관리 담당자에게 이런 사실을 알리고 보행 신호를 조금만 더 길게 해달라는 제안을 담아 건의문을 작성하기로 했어요.

수호는 자신의 제안이 정말 필요한 것인지 스스로 확인해 보기 위해서 횡단보도를 건너는 길의 거리와 신호 시간을 측정해 보았어요. 그리고 근처의 다른 횡단보도도 함께 조사하여 어떤 차이가 있는지 표로 나타내었어요. 실제로 측정해 보니 건너는 길이 다른 횡단보도보다 길지만 신호 시간은 같다는 결과가 나왔어요.

자료 조사를 해 보니 횡단보도 보행 시간에 관한 규정이 있었고, 그 규정에 따라 신호가 운영된다는 것을 알게 되었어요. 그러나 어린이, 노인, 장애인에 해당하는 보행 약자가 있거나 유동 인구가 많은 경우에는 보행 시간이 보다 길어질 수 있다는 근거를 찾게 되었어요.

수호는 이러한 근거를 기초로 삼고 근거를 보충하기 위해 지나가는 분께도 양해를 구하고 해당 횡단보도를 건널 때 문제는 없었는지를 여쭤보았어요. 수호는 이러한 자료를 토대로 건의문을 작성하고 동네 인터넷 게시판에 이러한 의견에 대해 다른 사람들은 어떻게 생각하는지 의견을 물었어요. 댓글을 통해 많은 이가 수호의 의견에 공감한다는 것을 확인하고, 이러한 의견을 담아 건의문을 제출해도 되는지 부모님과 선생님께 여쭤보았어요. 수호는 부모님과 선생님의 조언과 도움을 얻어 주민센터에 건의문을 작성하여 제출했어요. 주민센터 담당 부서에서는 이 의견의 타당성을 검토해 본 후 제안이 타당하다는 것을 받아들여서 횡단보도의 신호 시간을 조절하여 주민들이 편하게 길을 건널 수 있도록 했어요.

제목: OO 사거리의 보행 신호 조정을 건의 드립니다

안녕하세요. 저는 한언 중학교 정수호라고 합니다. 우리 동네 OO 사거리의 횡단보도에 대해 건의하고 싶은 사항이 있어서 글을 쓰게 되었습니다.

OO 사거리는 매일 등하교를 위해 이용하는 곳입니다. 그런데 이 사거리의 횡단보도를 건널 때마다 보행 가능 시간이 짧아서 서둘러 걷곤 합니다. 혹시 저만 그런 것은 아닌지 다른 사람들도 살펴보았는데 어린이나 노약자들이 횡단보도를 미처 다 건너지 못했는데 빨간

불로 바뀌는 장면을 목격하였습니다.

저는 실제로 이 횡단보도가 다른 횡단보도의 신호보다 짧은 것은 아닌지 시간을 측정해 보았습니다. 그 결과 근처 비슷한 길이의 횡단보도보다 5초가량 보행 신호가 짧게 나타났습니다. 자료 조사를 해 보니 횡단보도에 대한 규정이 있으며 특히 보행 약자가 있거나 인구가 많은 경우에는 보행 시간을 조절할 수 있다는 근거를 발견했습니다.

저는 우리 동네 사람들이 모이는 인터넷 카페에서 다른 분들도 이런 불편을 겪은 일이 있는지 의견을 여쭈었습니다. 다른 사람들도 이런 의견에 공감한다는 것을 확인할 수 있었습니다.

보행 신호가 알맞게 조정된다면 OO 사거리의 사고를 줄일 수 있을 것이라고 생각합니다. 항상 사람이 많고 보행 약자도 많은 OO 사거리의 보행 신호를 보다 길게 조정하여 주민들이 안전하게 길을 건널 수 있도록 해 주시길 건의 드립니다. 제가 제안한 건의 사항을 검토해 주시면 감사하겠습니다.

[✓ 더 알아보기]

자료 맛집! 누리집 추천

• 자료를 수집하기 위한 추천 누리집

1. 커리어넷(career.go.kr)
   - 진로 상담 및 직업 정보와 관련한 자료를 얻을 수 있어요.
2. 한국청소년정책연구원(nypi.re.kr)
   - 한국 청소년과 관련한 연구 보고서를 볼 수 있어요.
3. 국립어린이청소년도서관(nlcy.go.kr)
   - 도서 자료, 디지털 자료 등 다양한 자료를 검색하고 볼 수 있어요.

• 청소년을 위한 뉴스 누리집

1. EBS 교육 뉴스(home.ebs.co.kr/ebsnews/)
   - 교육과 관련한 주제의 뉴스 및 EBS 스쿨 리포터 기사를 제공하고 있어서 청소년과 관련된 주제를 찾을 수 있어요.
2. 서울 교육 뉴스(enews.sen.go.kr)
   - 서울 학교에서 일어난 새로운 소식을 알 수 있어요.
3. 경기 청소년 뉴스(gynews.co.kr)
   - 경기도 교육과 관련한 다양한 뉴스를 접할 수 있어요.

이것만은 알아 두세요

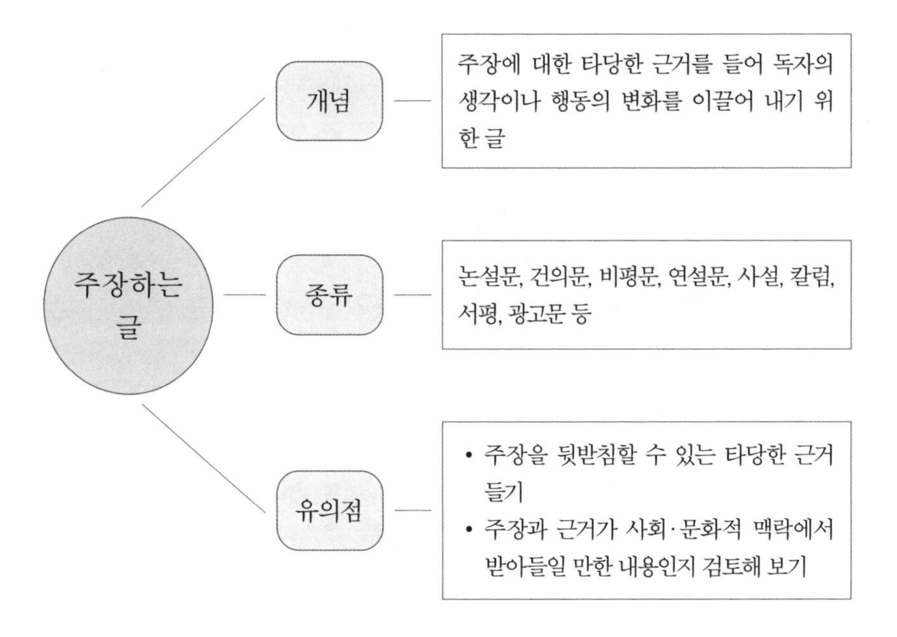

주장하는 글
개념
주장에 대한 타당한 근거를 들어 독자의 생각이나 행동의 변화를 이끌어 내기 위한 글
종류
논설문, 건의문, 비평문, 연설문, 사설, 칼럼, 서평, 광고문 등
유의점
• 주장을 뒷받침할 수 있는 타당한 근거 들기
• 주장과 근거가 사회·문화적 맥락에서 받아들일 만한 내용인지 검토해 보기

풀어 볼까? 문제!

1. 다음 빈칸에 들어갈 알맞은 말을 쓰세요.

주장하는 글을 쓸 때에는 '(   )-(   )-(   )'의 3단 형식을 갖추어 쓴다.

2. 빈칸에 들어갈 주장하는 글의 종류를 쓰세요.

① (   ): 개인이나 단체가 의견이나 희망을 적은 글

② (   ): 사물의 옳고 그름, 아름다움과 추함 따위를 분석하여 가치를 논한 글

③ (   ): 시사 문제에 대하여 신문사 또는 출판사가 자신의 책임으로 표명하는 의견이나 주장

3. 다음 중 주장하는 글이 갖추어야 할 특성이 아닌 것을 고르세요.

① 논리성　② 객관성　③ 진실성　④ 모호성

4. 다음 주장하는 글을 읽고 주제를 잘 드러내는 제목을 붙여 봅시다.

제목 :

김유진

우리는 의료 기술의 비약적인 발전으로 사회에서 노인 인구 수가 많아지는 고령화 사회를 맞이하게 되면서 주변에서 쉽게 노인의 모습을 찾아볼 수 있다. 그런데 우리가 노인을 정의하는 기준은 과연 무엇일까? 나이가 많은 사람을 노인이라고 칭한 적은 있어도, 노인의 정확한 기준에 대해선 생각해 본 적이 드물 것이다. 현재 우리나라에서 노인을 정의하는 기준은 1981년 제정된 노인복지법에 나온 만 65세를 기준으로 한다. 이 나이가 되면 국민연금, 지하철 무임승차 등 다양한 혜택을 누릴 수 있게 되는데, 더 나은 노인 복지를 위해서라면 현재보다 노인 기준 연령을 상향하는 것이 꼭 필요하다.

우선, 노인 기준 연령은 현재 우리나라의 인식과 맞지 않는 모습을 보인다. 2022년 서울시의 노인을 대상으로 설문 조사를 실시한 결과 노인 기준 연령을 평균 72.6세로 기준보다 7.6세 더 많게 생각하고 있었다. 또한 이데일리에서 실시한 국민세대의식 설문 조사(2023.06.13.)에서는 응답자의 54.3%가 노인의 시작 연령을 70세라고 답하기도 했다. 과거에 비해 평균 수명이 늘어나고 생애주기가 길어지며 자연스럽게 사람들의 인식도 바뀐 것이다.

노인 기준 연령을 상향하였을 때 생기는 가장 큰 장점은 노인 부양 부담이 완화된다는 것이다. KDI 이태석 선임연구위원의 보고서(2022.09.06.)에 따르면 2054년 이후 대한민국의 노인 인구 부양 부담이 OECD 국가 중 가장 높은 수준을 보일 것이라고 한다. 그러나 2025년부터 10년에 1세 정도로 노인 기준 연령을 높이면 2100년에는 노인 연령이 73세가 되고, 생산 연령 인구 대비 노인 인구의 비율이 60%가 되어 현재보다 36%p 낮아질 것이라고 예측하였다.

김원식 건국대학교 교수는 노인 기준 연령을 70세까지 높이면 기초 연금 수급 대상자 수가 25%인 약 99만 명가량 줄 것이라고 분석하기도 했다.

노인 기준 연령의 상향이 필요한 또 다른 이유는 효율적으로 노인 복지를 실행할 수 있다는 점에 있다. 2022년 10월 7일 방송된 'KTV 생방송 대한민국'에서는 노인 기준 연령을 높였을 때 자연스럽게 복지 혜택을 받는 노인의 수가 감소하여 이를 바탕으로 실제로 도움이 필요한 노인층에 집중하여 복지 사업을 전개할 수 있고, 동시에 부양해야 할 인구에 비하여 노동 가능 인구가 늘어나 세입 증가와 세출 압력 완화를 기대할 수 있다고 말했다. 매년 늘어나는 노인 인구와 복지 예산 편성에 부담을 느끼고 있는 현재의 상황에서는 노인 기준 연령의 상향이 필요하지 않은 일일 수 없을 것이다.

일부는 노인 기준 연령 상향에 대해 노인 빈곤을 악화시킬 수 있다는 점을 들어 반대를 외치기도 한다. 그러나 오랜 기간을 두고 점진적으로 노인 기준 연령을 올리는 동시에 이로 인해 더 이상 혜택을 받을 수 없는 노인들을 위한 정책이 함께 마련된다면 이러한 문제를 해결할 수 있다. 노인 기준 연령 상향은 대한민국 국민이 안정적인 복지를 누리며 보다 더 행복하고 편안한 노후를 맞이할 수 있게 할 것이다.

정답

1. 서론, 본론, 결론

2. 건의문, 비평문, 사설

3. ④

4. '노인 기준 연령을 높여야 한다' 등

감동이나 즐거움을 주는 글을 써요

최근 들어 일상에서 일어나는 경험을 소재로 하여 만화를 그린 일상 소재 웹툰이 많은 사람의 공감과 사랑을 받고 있습니다. 일상을 소재로 한 이야기를 보고 공감하거나 즐거움을 느낀 적이 있나요? 사람들은 왜 일상적 경험을 소재로 한 이야기를 좋아하는 것일까요? 아마 그들 역시 비슷한 경험을 해 본 적이 있어서 공감할 수 있기 때문일 것입니다.

우리에게 감동이나 즐거움을 주었던 글을 떠올려 보세요. 책상 서랍 속 깊숙한 곳에 보관해 둔 어렸을 때 받았던 카드나 편지를 꺼내 보아도 좋습니다. 어디선가 읽고 기억해 두고 싶어서 저장해 놓은 문구가 컴퓨터 폴더 어딘가에 있을 수도 있습니다. 힘들거나 외로울 때, 즐거울 때 꼭 듣고 싶은 노래가 있다면 그 가사를 떠올려 보세요. 어떤 글은 화려하고 멋있고 완벽해 보일 것이고, 어떤 글은 어설프고 부족하기도 하겠지만, 여러분의 마음속에 있는 글의 공통점은 누군가가 자기 생각과 경험을 통해 얻은 생각을 진솔하게 담아낸 글이라는 것을 알 수 있을 거예요.

지현이는 15번째 생일날, 엄마 아빠에게 손으로 직접 쓴 편지를 받고 미안함과 고마움, 감동을 느꼈습니다. 평소 바쁘신 부모님과는 자주 시간을 보낼 수 없어서 내심 서운했는데 부모님의 편지를 보니 그 마음이 많이 누그러지는 것을 느꼈습니다. 이렇게 마음을 진솔하게 담은 글은 누군가에게 감동과 즐거움을 준다는 것을 알 수 있습니다.

우리 지현이에게
언제나 아기 같았던 우리 지현이, 이제 곧 15살 생일을 맞이하는구나!
엄마 아빠가 오랜 시간 아이가 생기길 기다리다가 지현이 네가 찾아왔을 때 얼마나 행복했었는지 모른다. 요즘 엄마 아빠가 바쁘다는 핑계로 주말에도 같이 시간을 보내지 못해서 미안하구나. 그래도 언제나 씩씩하게 스스로 잘해 주어서 고마워. 앞으로도 건강하게 자라길 바란다. 그리고 언제든 힘든 일이 있을 때는 엄마 아빠에게 말해 주렴.
사랑한다. 지현아!

- 지현이의 15번째 생일에
엄마 아빠가

여러분도 자기 경험을 돌아보고 진솔하게 표현한 글을 적어 보세요. 그 글은 어디에도 없는 소중한 하나뿐인 글이 되고, 그 글을 읽는 사람에게 감동과 즐거움을 전해 줄 수 있답니다.

감동이나 즐거움을 주는 글의 개념과 종류

라디오 사연을 들으면서 울고 웃고 한 적이 있나요? 다른 사람의 진솔한 삶의 이야기를 들으면 '아 다른 사람들도 이런 경험과 생각을 하는구나!' 하며 동질감이 느껴지기도 합니다. 기쁜 사연, 슬픈 사연 또는 재밌는 사연 등, 실제로 누군가가 경험한 이야기를 들어 보면 그 당사자처럼 기쁘고, 슬프고, 재미있기도 하지요.

안녕하세요. 청소년의 목소리를 담은 청소년 라디오 '청목'입니다.
오늘은 중학교 2학년 친구 나래 님의 사연이 도착했는데요.
이 친구의 사연을 들어볼까요?
"안녕하세요. 저는 얼마 전 부모님의 직장 때문에 어쩔 수 없이 전학을 왔어요. 전에 살던 곳에서 초등학교부터 함께 올라온 친구들과 같은 학교를 다니고 있었는데, 전학을 가야 해서 너무 슬펐어요. 전학을 가면 새 학교에서 새로운 친구들과 잘

지낼 수 있을지 정말 걱정되었어요.

이미 다 알고 있는 친구들 사이에 말을 걸기가 망설여졌는데, 다행히 한 친구가 저에게 먼저 말을 걸어 주고 함께 놀자고 해 줘서 정말 고마웠어요. 지금은 그 친구와 함께 학교생활을 잘 하고 있어요. 오늘은 저에게 먼저 다가와 준 그 친구의 생일이에요. 생일 축하한다고 오래오래 좋은 친구가 되자고 말하고 싶어요!"

나래 님의 사연을 들어 보니 어떠셨나요? 낯선 곳에 갔을 때 이렇게 먼저 다가와 주는 친구가 있으면 정말 고맙죠! 저도 그 마음을 알 것 같아요. 청취자 여러분도 공감한다며 댓글을 올려 주고 계시네요.

위의 사연처럼 라디오에서 다른 사람의 이야기를 들을 때 공감이 되고 웃음이 나기도 하고, 마음이 뭉클해지기도 하지요? 이러한 글이 감동과 즐거움을 주는 이유는 무엇일까요? 자기 삶을 성찰하고 솔직하게 표현한 글 속에는 자기 삶을 되돌아보는 성숙함과 그것을 언어로 표현하여 함께 나누려는 용기가 담겨 있기 때문입니다. 자신의 삶을 성찰하는 글을 쓰는 경험은 자아의 다른 모습을 발견하고 이해할 수 있게 합니다.

우리는 글, 영상, 음악, 만화 등의 다양한 표현 방법을 통해서 일상의 이야기를 전하고 타인과 공감하며 살아가고 있습니다. 이렇게 다른 사람에게 감동이나 즐거움을 주는 일상적인 글에는 수필, 체험 수기, 편지, 일기, 기행문 등의 다양한 종류가 있습니다.

우리 한 명 한 명은 비슷한 경험을 하면서도 각자의 삶의 방식과 가치관에 따라 개성적으로 세상을 바라봅니다. 그렇기에 자신만의 언어로 자기 생각과 경험을 표현할 수 있습니다. 우리가 삶에서 얻은 경험을 진솔하게 글로 쓸 수 있다면, 그 글을 보는 사람에게도 감동과 즐거움을 줄 수 있어요.

우리가 살아가면서 경험하는 일은 때로 기쁘기도 하고 슬프기도, 당황스럽기도, 감동적이기도 합니다. 이러한 경험들이 쌓여 우리의 삶을 만들어 나갑니다. 우리가 경험한 일들은 우리에게 영향을 주고 기억으로 남아 자아의 한 모습을 형성해 나갑니다. 삶을 살아갈 때 나에게 영향을 준 경험들을 다시 돌아보면 그 당시에는 알지 못했던 깊은 의미를 깨닫게 되기도 합니다.

내 경험을 글로 쓰는 과정은 자아를 깊이 이해할 수 있게 해 줍니다. 그래서 글로써 자기 생각이나 경험을 기록해 나가는 습관은 우리를 성숙하게 만들어 줍니다. 어렸을 때 썼던 글이 있다면 소중히 간직하고, 지금도 종종 글 쓰는 습관을 들여 보세요. 그리고 5년, 10년 후에 자신이 솔직하게 담아냈던 글들을 모아 보면 그것이 여러분의 자서전이 될 거예요.

수필, 기행문, 일기, 자서전 등이 감동이나 즐거움을 주는 글에 속

합니다. 수필은 글쓴이가 자유로운 형식과 내용으로 자기 경험을 솔직하게 쓴 글입니다. 기행문은 여행의 여정, 감상, 견문을 담은 글입니다. 체험 수기는 특별한 체험을 해 보고 그 일에 대해서 느낀 점을 쓴 글입니다.

수필	특정한 형식 없이 자유로운 내용과 형식으로 자신의 경험을 솔직하게 쓴 글
기행문	여행 체험을 담은 글
일기	하루 동안 있었던 일과 생각을 쓴 글
자서전	스스로 살아온 삶을 돌아보며 자신의 인생 경험에 대해서 쓴 글

감동이나 즐거움을 주는 글의 종류

우리 한 명 한 명이 모두 소중하고 개성이 있는 것처럼 우리 자신을 솔직하게 표현한 글에서도 사람마다의 개성과 빛이 드러나게 됩니다. 여러분도 각자의 고유한 삶을 돌아보며 주변 사람들과 함께 나눌 수 있는 한 편의 글을 써 보는 것도 좋겠지요.

감동이나 즐거움을 주는 글 쓰기의 전략

인터넷 게시판에 익명의 고민이 올라오면 마치 내 고민처럼 느껴지기도 하고, 그 이야기에 달린 다정한 위로의 댓글에 함께 감동받기도 합니다. 그런데 그 글이 실제 경험이 아니라 꾸며 낸 것임을 알게 되면 어떨까요? 아마 실망하게 될 것입니다. 반드시 대단하고 화려한 경험만이 감동이나 즐거움을 주는 것은 아닙니다. 누군가의 진짜 경험과 그에 대한 진솔하고 인간적인 생각이 감동과 즐거움을 줄 수 있습니다.

이처럼 감동이나 즐거움을 주는 글을 쓸 때 가장 중요한 것은 바로 거짓이나 과장 없이 진솔하게 쓰는 것입니다. 특이하고 화려한 경험만이 글감이 되는 것은 아닙니다. 자신의 경험을 꾸밈없이 솔직히 드러낼 때 가장 개성적이고 멋진 글이 나올 수 있습니다. 여러분도 자신이 경험했던 일이나 깨달음을 얻었던 일을 성찰하고 진솔하게 표현하여 독자에게 감동과 즐거움을 주는 글을 써 보세요.

감동이나 즐거움을 주는 글 쓰기의 실제 - 수필 쓰기

지은이는 학교에서 수필 쓰기 대회에 참가하게 되었습니다. 지은이가 수필 쓰는 과정을 함께 따라가 보면서 감동이나 즐거움을 주는 글의 가장 대표적인 형태인 수필은 어떻게 써야 하는지 살펴보도록 합시다.

수필은 문학의 한 양식으로 특별한 형식의 제약 없이 개인의 성찰이나 생각을 산문으로 표현한 글입니다. 다른 문학과 달리 수필은 경험을 근거로 하여 작성하고 글쓴이의 자유로운 개성대로 써 내려가는 글입니다. 따라서 수필을 쓸 때는 자신의 삶을 성찰해 보고 의미가 있었던 사건을 떠올려 보며 그 내용과 감상을 고백적으로 적어 나갈 수 있습니다.

계획하기

수필의 주제를 정하기 위해서 자신이 경험한 일 중에서 의미 있는 경험을 떠올려 봅니다. 감동적이었던 일이나 잊을 수 없이 부끄러운 실수도 좋은 소재가 될 수 있습니다. 자신의 삶을 돌아보며 나의 삶을 구성하고 있는 경험에 대해 생각해 보는 시간을 가져 봅니다. 여러분이 예전에 썼던 글이나 사진 등을 참고해 봐도 좋습니다. 의미 있는 경험이나 나누고 싶은 일들을 자유롭게 떠올려 보고 그중에서 하나의 경험을 선정합니다. 다음의 주제를 참고하여 그 경험과 관련한 기억을 떠올려 볼 수 있겠지요. 주제를 선정하고 예상 독자와 글의 목적, 매체 등도 계획하여야 합니다.

다양한 경험 중 생각나는 일을 골라 자유롭게 적어 보세요.

기뻤던 일, 부끄러웠던 일, 감동받은 일, 기억에 남는 일. 깨달음을 얻은 일, 사람들과 공감하고 나누고 싶은 일, 갈등이 있었는데 풀어진 일, 놀라웠던 일, 어려움을 극복했던 일, 누군가를 도운 일, 누군가에게 도움을 받은 일, 후회되는 일, 자랑

스럽거나 뿌듯했던 일, 무서웠던 일, 실수했던 일, 운이 좋았던 일 등

지은이의 수필 쓰기 따라하기 1. 계획하기

지은이는 자기 경험 중에서 기뻤던 일, 갈등이 있었는데 해결한 일, 누군가를 도운 일, 자랑스러웠던 일에 대해서 써 보았어요. 그리고 이 중에서 어떤 내용으로 글을 쓸지 생각해 보았어요.

- 기뻤던 일: 인형 뽑기를 했는데 한번에 뽑은 일
- 갈등이 있었는데 풀어진 일: 언니 물건을 썼다가 잃어버린 일
- 누군가를 도운 일: 길을 물어보는 할머니께 길을 알려드린 일
- 자랑스러웠던 일: 학교 시화 그리기에서 우수상을 받은 일

> 언니 팔찌를 몰래 썼다가 잃어버린 일에 대해서 써 보고 싶어. 대화했던 내용을 써서 생생하게 당시 상황을 표현해 봐야겠어.

지은이는 이 중에서 갈등이 있었는데 풀어진 일을 선택했어요. 가장 최근에 있었던 일이고 이 일을 통해서 언니와의 갈등이 해결된 적이 있었기 때문이었어요. 주제를 정한 지은이는 다음과 같이 글쓰기의 상황도 정리하며 글쓰기를 계획해 보았습니다.

항목	내용
글의 주제	언니 팔찌를 몰래 썼다가 잃어버린 일을 통해 깨달은 점
예상 독자	우리 중학교 1~3학년 학생
글의 목적	감동이나 즐거움 주기
전달 매체	종이에 글로 쓰기

내용 생성하기

선정한 경험을 좀 더 구체적으로 적은 뒤, 그 내용을 어떤 방식으로 쓸지 생각해 봅니다. 어떤 매체를 통해서 표현할지, 어떤 표현 방법을 사용할지에 대해서도 적어 볼 수 있습니다.

지은이의 수필 쓰기 따라하기 2. 내용 생성하기

지은이는 자신이 선택한 경험의 구체적인 장소, 일시, 사건, 느낌 등에 대해 조금 더 자세히 써 보았습니다.

- 누구와 관련된 일인가요?
  - 언니와

- 언제 있었던 일인가요?
  - 지난 겨울 방학에
- 어디서 일어난 일인가요?
  - 우리 집과 우리 동네
- 무엇을 하였나요?
  - 언니의 팔찌를 몰래 하고 나감.
- 어떻게 했나요?
  - 언니의 팔찌를 잃어버림.
- 어떤 결과가 일어났나요?
  - 두려워서 집에 들어가지 못했음. 뒤늦게 집에 가 보니 나를 너무 걱정하고 있었던 엄마와 아빠, 언니를 발견함.
- 무엇을 느끼게 되었나요?
  - 미안함과 고마움.
- 나의 삶에 어떤 영향이나 변화를 주었나요?
  - 다음부터는 언니 물건을 몰래 쓰지 않고, 언니가 나를 미워하는 것이 아니라 사랑하고 있다는 것을 깨달음.

내용 조직하기

주로 처음, 중간, 끝으로 구성되지만, 수필은 형식이 정해져 있지 않아서 자유롭게 구성할 수 있어요. 제목은 미리 작성해도 좋고 글을 다 쓰고 나서 다시 수정해도 좋아요.

지은이의 수필 쓰기 따라하기 3. 내용 조직하기

지은이는 다음과 같이 개요를 작성해 보았어요.

제목	다시 살 수 있는 것과 살 수 없는 것
예상 독자	우리 중학교 1~3학년 학생
매체	학급 문집
처음	평소 언니와 엄청나게 싸움. 하나밖에 없는 물건은 체형이 비슷해서 서로 공유하는데 언니가 예쁜 팔찌를 삼. 너무 부러워서 써 보고 싶었음.
중간	내가 좋아하는 친구들과 약속한 자리에 팔찌를 차고 나가고 싶었는데 마침 언니가 외출 중이었음. 한 번만 잘 쓰고 갖다 놓으면 된다고 생각해서 말하지 않고 가지고 나감. 친구들과 스티커 사진을 찍고 점심을 먹은 후 계산하려고 보니 손에 팔찌가 안 보였음. 온 길을 다 돌아봤지만 결국 찾지 못함. 언니가 엄청 화를 낼 거 같아서 집에 들어가지 못하고 있었음. 그러다가 오랜 시간이 지나 휴대 전화 배터리가 완전히 방전됨. 집에 돌아가서 어떻게 할지 생각하다가 너무 어두운 밤이 되어서 집에 돌아감. 현관문 앞에서 호되게 꾸지람을 들을까 봐 걱정했음. 문을 열고 들어가자, 아빠와 엄마, 언니가 왜 연락을 안 받았냐며 걱정했다고 함.

끝	언니가 무슨 일이 있는 줄 알고 걱정했다며 "팔찌는 다시 살 수 있지만 너는 살 수 없다"라고 말해 줌. 나는 너무 미안하다고 사과하고 언니와 부둥켜안고 움. 그다음부터 언니의 물건을 몰래 쓰지 않기로 함.

지은이가 작성한 개요

표현하기

수필을 쓸 때는 자신의 경험을 솔직하게 표현하는 것이 가장 중요합니다. 과장된 표현보다는 자신의 개성 있는 표현을 사용해야 합니다. 또한 여러 가지 경험을 한꺼번에 쓰기보다는 한 가지 글감에 대해서 작성하여 주제가 뚜렷하게 드러나게 쓰는 것이 좋습니다. 그리고 자신이 이 경험을 통해서 어떤 것을 느끼고 알게 되었는지를 독자가 이해할 수 있도록 표현합니다. 나의 경험을 직접 겪어 보지 않은 독자가 나의 경험에 공감하도록 하려면 어떻게 표현하는 것이 좋을지를 생각해 보는 것이 도움이 되겠지요.

지은이의 수필 쓰기 따라하기 4. 표현하기

지은이는 자신의 실수로 벌어진 일이지만 솔직하게 써 보기로 했어요. 그리고 당시 상황을 대화체를 활용하여 생생하게 전달해 봐야겠다고 생각했어요. 다음은 솔직하고 생생하게 쓴 지은이의 수필 초고입니다.

다시 살 수 있는 것과 살 수 없는 것

나는 한 살 많은 언니와 방을 같이 쓴다. 언니와 나는 키도 비슷하고 몸무게도 비슷하다. 그래서 내 물건과 언니 물건을 헛갈릴 때도 있고 서로 같이 쓰기도 한다. 그런데 언니가 생일 선물로 받은 에메랄드 팔찌만은 절대 빌려주지 않는 것이다. 나는 그 팔찌를 해 보고 싶었는데 언니는 절대 안 된다며 심통을 냈다.

그 사건은 내가 초등학교 6학년 때 눈이 오던 날 일어났다. 주말에 친구를 만나기로 약속한 날이었다. 마침 언니는 집에 없었고 나는 그 예쁜 에메랄드 팔찌에 손이 갔다. 잠깐만 하고 나갔다 오는 것은 문제가 없지 않을까? 순간 나는 그런 생각이 들어서 언니 팔찌를 해 보았다. 나에게도 너무 잘 어울리는 것 같아서 나는 그 팔찌를 차고 나갔다.

"새로 산 거야? 예쁘다."

친구들이 부러워하며 말했다.

"응."

나는 은근슬쩍 얼버무리며 친구들과 즐겁게 놀았다. 친구들과 스티커 사진도 찍고 맛있는 음식도 먹고 즐거운 하루를 보냈다. 저녁때가 되고 집에 돌아갈 시간이 되어서 가려는데, 내 손에 팔찌가 보이지 않았다.

나는 내가 왔던 곳을 다 되짚어 가며 혹시 팔찌가 떨어져 있는 것은 아닌지 찾아봤다. 아무리 찾아봐도 찾을 수가 없었고, 그날은 눈이 와서 더 이상 길에서 물건을 찾는 것은 어려워 보였다.

'아, 언니가 엄청 화를 낼 텐데... 어쩌지?'

팔찌를 찾는라 여기저기 돌아다니다 보니 벌써 몇 시간은 더 지난 것 같았다. 그런데 휴대 전화도 배터리가 없어 꺼지고 말았다.

'몇 시쯤 된 거지? 집에 가기 싫어.'

나는 언니의 화난 얼굴을 볼 생각을 하니 집에 들어가기가 망설여졌다. 집 앞에서 고민하다가 너무 어두운 밤이 되는 것 같아서 어쩔 수 없이 집으로 들어갔다.

"지은아! 왜 이제 오니. 걱정했잖아."

문을 여니 엄마의 걱정과 안도가 섞인 목소리가 들렸다.

"전화를 안 받아서 걱정했다. 추운데 너무 늦게 들어왔구나. 괜찮니?"

아빠도 나의 안부를 물어 주셨다.

나는 엄마, 아빠, 언니에게 솔직하게 무슨 일이 있었는지 털어놓았다. 언니가 얼마나 화를 내고 나를 미워할까. 같은 방을 쓰는데 계속 싸우게 되면 어쩌지. 눈앞이 깜깜했다.

내 이야기를 다 들은 언니가 한참을 말없이 있다가 작은 목소리로 말했다.

"됐어. 그건 다시 사면 돼. 너는 살 수 없잖아. 너한테 무슨 일 생긴 줄 알았어."

엄청나게 화를 낼 거 같았던 언니가 차분한 목소리로 말하니 나는 더욱 미안해졌다.

"미안해, 언니 물건 함부로 써서 미안해."

나는 너무 미안하다고 울먹이며 말했다. 차라리 화를 내면 덜 미안할 거 같은데 전혀 나에게 뭐라고 하지 않고 나를 걱정해 주니 나는 더 미안했다. 다시 살 수 있는 물건보다 다시 살 수 없는 나를 더 생각해 주고 그렇게 말해 준 언니에게 고마웠다.

고쳐쓰기 및 점검하기

초고를 작성하고 나서는 평가 항목에 따라 글을 점검해 보아야 합니다. 스스로 다시 읽어 보아도 좋고 친구와 바꾸어 읽으며 서로 보충할 점을 이야기해 주는 것도 좋은 방법입니다. 평가 항목에 따라 글을 점검한 후 부족한 부분을 고쳐 씁니다.

지은이의 수필 쓰기 따라하기 5. 고쳐쓰기 및 점검하기

지은이는 초고를 작성하고 나서 평가 항목에 따라 글을 점검해 보았습니다. 스스로 다시 읽어 본 후에는 친구와 글을 바꿔 읽어 보며 서로 보충할 점을 이야기했어요. 그러고는 평가 항목에 따라 글을 점검하고 고쳐 쓴 뒤 글을 완성했습니다.

평가 항목	평가
자신의 체험을 통해 감동이나 즐거움을 주는가?	☆ ☆ ☆
생생하고 구체적으로 표현하였는가?	☆ ☆ ☆
솔직하게 표현하였는가?	☆ ☆ ☆
독자가 이해할 수 있는 표현과 어휘로 작성하였는가?	☆ ☆ ☆

고쳐쓰기와 점검하기 평가 표

완성한 글을 다양한 매체를 통해 독자들에게 전해 보는 것도 좋은 방법입니다. 수업 시간에 함께 돌려 읽어 볼 수도 있고, 학급 문집을 만들어 함께 나눌 수도 있습니다. 또는 자신이 운영하는 블로그나 사회관계망 서비스(SNS)에 올려서 많은 사람과 공유할 수도 있습니다. 친구들과 글을 함께 공유하고 읽어 보세요. 친구의 글을 읽다 보면, 글 속에 담긴 그 친구의 생각과 가치관을 발견할 수 있을 거예요.

나의 경험과 생각을 표현한 글이 다른 사람에게 읽히며 나의 마음을 전달해 준다는 것은 놀라운 일입니다. 여러분도 친구가 쓴 글을 천천히 읽어 보고, 공감과 응원의 댓글을 달아 주는 활동을 해 보는 건

어떨까요?

진솔한 이야기를 쓰고 읽으며 서로에 대해 이해하게 되고 공감하는 경험은 행복감과 따뜻함을 느끼게 해 줍니다. 실수한 경험담을 재미있게 표현한 친구, 눈물이 날 것 같은 감동을 전해 준 친구, 독특한 표현으로 개성을 보여 준 친구도 있을 거예요. 다른 친구들의 글도 읽으며 공감의 댓글을 달아 주세요.

우리의 생각이나 마음을 영상으로, 그림으로, 말로도 표현할 수 있지만 직접 쓴 글만이 주는 특별한 감동도 있습니다. 글을 통해 다른 사람과 공감하고 소통하는 것은 행복하고 즐거운 경험입니다. 감동이나 즐거움을 주는 글을 쓰는 과정을 거치며 성장했을 여러분을 기대해 봅니다.

[✓ 더 알아보기]

하준이의 일상 만화 만들기

이번에는 하준이의 이야기를 들어 볼까요? 평소 그림을 그리는 것을 좋아하던 하준이는 자신의 경험을 만화로 표현해 보기로 했어요. 하준이는 당황했던 일을 떠올리며 그때 느꼈던 감정을 그림과 대사로 만들어 보았어요.

제목	잊지 못할 떡볶이
예상 독자	우리 반 친구들과 SNS 친구들
매체	SNS, 4컷 만화

이것만은 알아 두세요

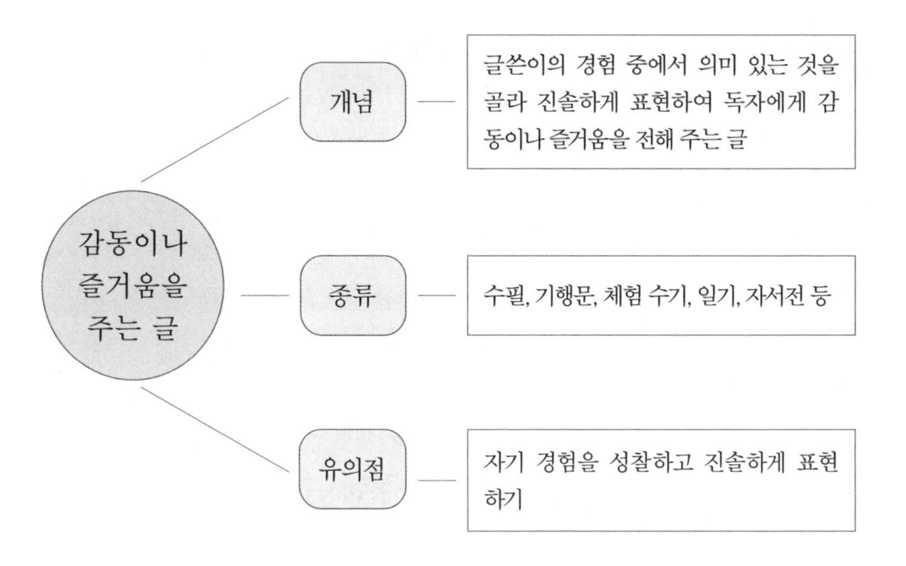
감동이나 즐거움을 주는 글
개념
글쓴이의 경험 중에서 의미 있는 것을 골라 진솔하게 표현하여 독자에게 감동이나 즐거움을 전해 주는 글
종류
수필, 기행문, 체험 수기, 일기, 자서전 등
유의점
자기 경험을 성찰하고 진솔하게 표현하기

풀어 볼까? 문제!

1. 다음 설명 중 옳은 것은 O, 틀린 것은 X 해 봅시다.

① 감동과 즐거움을 주는 글을 쓸 때는 재미를 위해 과장하는 것이 좋다. (   )

② 자신의 경험을 글로 쓸 때 자신의 삶을 성찰하게 된다. (   )

2. 다음이 설명하는 글의 종류를 써 봅시다.

(   ) : 특정한 형식 없이 자유로운 내용과 형식으로 자신의 경험을 솔직하게 쓴 글

(   ) : 여행하며 보고 들은 것과 느낀 점을 담은 글

(   ) : 스스로 살아온 삶을 돌아보며 자신의 인생 경험에 대해서 쓴 글

3. 다음 글을 읽고 감동이나 즐거움을 주는 부분을 밑줄 그어 보고 감동이나 즐거움을 주는 이유를 써 봅시다.

엄마! 우리 같이 웃어요.

사방이 어둡고 고요하다. 내가 지금 서 있는 이곳, 어디인지 모른다. 갑자기 희미한 소리가 들리고, 눈을 뜬다.

"수호야! 7시 반이야. 어서 일어나."

아침이구나. 왠지 일어나기가 싫다. 괜히 일어나기 싫은 짜증이 잠을 깨운 엄마에게로 향한다.

"아, 알았어."

그래도 나는 일어나지 않고 이불 속에서 뒤척거리기만 한다. 그러는 사이 방문이 덜컥하고 한 번 더 열린다. 엄마이다.

"아니, 얘가. 빨리 안 일어나? 아주 죽은 척하고 누워 있네!"

내가 언제 죽은 척을 했다고 그러는지, 나는 더 이상 엄마의 짜증스러운 목소리를 듣는 것이 싫어서 벌떡 일어나 대충 아침밥을 챙겨 먹고 집을 나온다.

항상 집을 나서며 현관문을 쾅 하고 닫고 난 후면 후회가 된다. 내일은 기분 좋게 엄마랑 대화하고 나오겠다고 생각한다. 우리 엄마는 형과 나, 동생들까지 모두 넷이나 되는 자식들을 여태 키워 오셨다. 어느 시골에서 자라 중매로 아빠와 만나 지금까지 그리 행복하지 못하셨다.

그리고 오늘도 저녁 늦게나 들어오실 수 있는 궂은일을 하시며 온갖 걱정에 마음이 편하지 않으실 것이다. 어려운 경제 사정 속에서 남들보다 많은 자식을 키우면서 얼마나 마음고생이 심하셨을지는 아마 내가 어른이 되어도 다 이해하지 못할 것이다.

나는 엄마의 어린 시절 이야기를 듣는 것이 좋다. 학교 다닐 적에 산길 언덕배기에 찐 고구마를 묻어 놓았다가 집에 오는 길에 다시 흙을 파서 꺼내어 먹곤 했다는 이야기, 비가 오는 날이면 학교에 가고 싶어도 개울이 넘쳐 갈 수 없었다는 이야기, 봄이면 집 뒷산을 휘젓고 다니면서 온갖 나물을 다 캐곤 했다는 이야기를 하시는 엄마를 보고 있노라면 엄마의 얼굴에 드리웠던 힘든 그림자는 잠시나마 찾아볼 수가 없다.

요즘에는 통 엄마의 얼굴에서 웃음이 보이지 않는다. 그 이유 중 하나는 이제 곧 수험생이 되는 형에 대한 걱정도 포함되어 있을 것이다. 그런 것을 잘 알면서도 매일 엄마에게 짜증을 내면서, 한 마디 위로도 해 드리지 못한 내가 정말 죄송스럽게 느껴질 때가 많다.

엄마가 어렸을 때, 당시 우리나라 서민들이 대부분 그러했던 것처럼 엄마는 집안 사정으로 또 딸이라는 이유 때문에 중학교를 중퇴하셨다고 한다. 이 때문인지 우리 엄마의 교육열은 대단하다. 그렇지만 어린 나에게는 엄마의 그런 모습이 너무나도 스트레스를 주었다. 그리고 학원을 보내 줄 사정도 안 되면서 좋은 성적을 바라는 엄마가 밉기도 하고 원망스러울 때도 있었다.

그러나 이런 글을 쓸 만큼 나는 이제 엄마를 이해해 보려고 한다. 요즘 들어 엄마의 웃는 얼굴이 더욱더 보고 싶다. 엄마가 힘들수록 이제 우리에게 기대고, 행복을 느끼셨으면 한다. 우리는 매일 엄마 앞에서 불평만 늘어놓지만, 우리가 잘되기만 한다면 집 앞의 사거리에서 미친 여자처럼 춤이라도 추겠다는 엄마를 사랑한다.

엄마를 힘들게 하는 고통이 사라질는지는 모르겠지만 이제 엄마의 얼굴에서 그 누구보다 밝은 미소가 비추었으면 한다.

엄마! 이제 우리 같이 웃어요.

정답

1. ①X / ②O

2. 수필, 기행문, 자서전

3. (예) 수호의 글이 잔잔한 감동을 전해 주는 이유는 글이 화려해서도 아니고 특별한 경험을 말하고 있기 때문도 아닌 것 같다. 수호의 글은 자신의 경험을 솔직하게 드러내어 엄마에 대한 진심 어린 사랑을 꾸밈없이 담백하게 표현했기 때문에 감동을 줄 수 있는 것이다.

Part 4. 쓰기, 한 걸음 더!

매체 특성을 고려하여 표현해요

쓰기 윤리, 서로를 위해 지켜요!

〈 환경 보호 동아리  

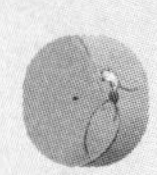
동아리장 하나

얘들아~ 방학 잘 지내고 있닝?

응. 너도 잘 지내고 있어?

선우

하이~

동아리장 하나

우리 동아리 활동했던 거 모두 합쳐서 홍보 동영상을 만들기로 했잖아. 우리가 플로깅*했던 걸로 공익광고를 만들어서 알리면 어떨까?

하은

좋은 생각이야!
그런데, 그럼 포스터를 만들면 되는 걸까?

그래. 인쇄를 해서 학교 알림판에 붙이면 좋을 거 같아.

---

* 플로깅(Plogging): 조깅하면서 쓰레기를 줍는 환경 보호 활동의 일종. 스웨덴어에서 온 합성어(plocka upp줍다+jogging조깅)

선우

인터넷에 검색해 보니 컬러 포스터 인쇄비가 꽤 많이 들 거 같은데;;;;

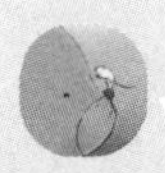

동아리장 하나

흠.... 좋은 방법이 없을까?

하은

그럼 이미지 파일을 SNS에 올리자!

그럼 인쇄를 하지 않아도 되고 요즘엔 SNS로 소식을 전하기도 하잖아. 더 많은 사람이 볼 수 있을 거야.

아하, 그럼 되겠네.
태그도 달고~

선우

짝짝짝!!

동아리장 하나

그럼 나 블로그를 하고 있는데, 우리가 만들고 나면 블로그에도 올릴게.

좋다!

하나

블로그에는 설명을 조금 더 길게 해도 되니까 다른 사진이나 영상도 함께 올려야겠어.

우리가 캠페인으로 플로깅 했던 영상 있지?

그것도 편집해서 블로그에 함께 올리면 어때? 다들 괜찮아?

하은

좋아!

선우

나도 찬성!

⊕ ☺ #

매체 특성을 고려하여 표현해요

여러분들은 어떤 매체를 통해 사람들과 의사소통하거나 정보를 얻고 있나요? 휴대 전화로 인터넷에 접속하여 여러 가지 뉴스를 보기도 하고, 학교 게시판에 붙어 있는 안내문을 보고 학교 행사에 대한 소식을 얻기도 하지요. 이렇게 우리는 매체에 둘러싸여 타인과 의사소통하고 있어요.

매체는 무엇일까요? 발신자와 수신자 사이에서 정보나 메시지를 전달해 주는 것을 매체(미디어)라고 합니다. 메시지를 보내는 사람을 발신자라고 하고 메시지를 받는 사람을 수신자라고 합니다. 그리고 전달하려는 내용을 메시지라고 하고 그 메시지를 전달하는 것이 매체입니다.

글쓰기는 어떤 매체를 통해 쓰고 전달하느냐에 따라 글의 구성이나 형식, 표현 등이 달라질 수 있어요. 손으로 쓴 글씨를 직접 전달할 때와 손으로 쓴 글씨를 사진을 찍어서 전할 때는 각기 다른 느낌이나

매체와 발신자, 수신자와의 관계

의도가 전달되겠지요. 또는 이메일로 소식을 전달할 때와 손으로 쓴 편지를 직접 전달할 때는 또 다른 형식, 의미가 느껴질 거예요.

따라서 우리는 어떤 매체를 활용하여 글쓰기를 할 것인지에 따라 글의 구성, 형식, 표현 등을 적절하게 선택할 수 있어야 해요. 같은 내용이라도 글로 전달할지, 영상으로 전달할지, 그림으로 전달할지, 직접 전달할지, 인터넷 통신망을 통해 전달할지 등에 따라 구성, 형식, 표현 등이 어떻게 달라지는지 이해하고 나의 목적에 맞게 활용하는 능력을 키워야겠지요.

우리는 휴대 전화의 문자나 통화로 사람들과 소통하고 있고, 인터넷을 이용하여 다른 사람이 올린 글에 댓글을 달기도 합니다. 또한 사회관계망 서비스를 이용하여 나의 소식과 사진을 올리기도 하는 등 다양한 매체 활동을 하고 있어요. 그럼 다양한 매체의 특성에 대해 알아보고 그에 적합한 방법으로 나의 생각이나 경험을 표현해 봅시다.

영상 매체로 표현하기

글, 그림, 사진, 영상, 소리 등의 다양한 매체를 복합적으로 활용하면 내용을 효과적으로 전달할 수 있어요. 짧은 영상을 제작하고 공유하는 것이 일상적으로 이루어지는 만큼 전하고 싶은 메시지를 영상으로 표현하는 능력이 중요하다고 할 수 있습니다.

앞에서 만났던 환경 보호 동아리의 이야기를 다시 살펴볼까요? 환경 보호 동아리 친구들은 플로깅 동참을 촉구하는 영상을 만들기로 했어요. 친구들은 동아리 활동을 했던 사진과 동영상을 다시 살펴보면서 어떤 영상을 만들면 좋을지 생각해 보았어요. 우리도 영상을 제작하는 활동을 함께 따라가 볼까요?

먼저 영상 매체의 특징에 대해 알아봅시다. 영상은 연속된 이미지와 소리의 결합을 통해 메시지를 전달하는 매체입니다. 영상은 움직임을 연속적으로 보여 줄 수 있기 때문에 대상을 생동감 있게 담아낼 수 있어요. 영상을 구성하는 기본적인 요소를 영상 언어라고 합니다. 영상 언어는 시각적 요소와 청각적 요소로 구성되어 있어요. 시각적 요소는 카메라에 담기는 장면을 말해요. 카메라에서 비추는 대상의 모습이나 각도, 거리, 색채, 조명, 자막의 유무 등이 시각적 요소에 속해요. 청각적 요소는 배경 음악이나 효과음, 해설, 대사 등을 포함합니다. 영상의 주제에 따라 어떤 각도로 대상을 비출 것인지, 어떤 음악을 사용할 것인지 등이 달라지겠지요.

주제는 어떤 것이든 될 수 있어요. 여러분이 관심 있는 분야에 대한 내용을 담아도 좋고, 장래 희망이나 진로에 관한 주제를 선택하는 것도 좋아요. 다음 주제 예시를 살펴보세요.

직업 소개 영상 만들기, 교과 개념 소개 영상 만들기, 학교폭력 예방 공익 광고 만들기, 바른 언어 사용을 위한 공익 광고 만들기, 수학여행 영상 만들기, 도서관 이용 방법 영상 만들기 등

영상 제작은 어떻게 진행될까요? 영상 제작 단계는 다음과 같습니다.

단계	내용
계획하기	기획 의도, 표현 방법, 예상 시청자, 영상의 길이, 일정 등을 계획하기
내용 생성하기	영상 주제와 관련한 자료 조사하기
내용 조직하기	스토리보드 만들기
촬영하기	스토리보드를 토대로 촬영하기
편집하기 및 점검하기	촬영 내용을 편집하고 점검하기

영상 제작의 진행 단계

계획하기

영상을 어떻게 만들지 구체적인 계획을 세워 봅니다. 제목, 시간, 기획 의도, 장면, 줄거리, 역할 분담, 촬영 일정, 준비 사항 등을 사전에 계획하여 정리한 것을 기획안이라고 합니다. 기획안을 작성하여 영상의 주제, 영상의 종류, 시간, 예상 시청자, 역할 분담, 내용, 제작 일정, 준비물 등의 내용을 써 봅니다.

영상 촬영 기획안			
제목	함께 해야 보여요! 우리 주변의 아름다운 것들		
기획자	한언중 환경 보호 동아리	시간	2분 30초
기획 의도	환경 보호 동아리 홍보 및 플로깅 활동 동참 홍보	예상 시청자	10대~20대
표현 방법	실외 촬영, 동아리 활동 영상 재구성	촬영 일정	20XX년 5월 첫째 주 일주일간
준비 사항	1. 실외 촬영: 휴대폰 카메라 3개, 플로깅 복장, 비닐봉지, 쓰레기 집게 등 2. 이전에 찍어 뒀던 동아리 활동 영상	역할 분담	1. 촬영 감독: 김OO 2. 출연: 이OO(부원1), 최OO(부원2), 정OO(부원3) 3. 총연출: 김OO 4. 편집: 한OO

기획안 예시

스토리보드 짜기

스토리보드는 영상을 직접 촬영하기 전에 내용을 구체적인 장면으로 나누어 이미지화한 표입니다. 스토리보드는 이야기를 뜻하는 '스토리(story)'와 게시판을 뜻하는 '보드(board)'가 결합된 단어로 언어와 그림으로 이야기를 게시판에 나열하듯 펼쳐 나가는 기획 방법입니다. 실제 영상 제작에 앞서 언어를 영상으로 만드는 중간적 단계라고 할 수 있어요. 스토리보드는 영화, 드라마 등 시청각 자료를 제작하기 위해서 만듭니다.

직접 촬영을 할 때는 여러 사람의 노력과 시간, 장비 등이 들어가기 때문에 제한적인 조건에서 효율적으로 영상을 찍기 위해서는 사전에 장면을 어떻게 구성할 것인지 구체적으로 작성하는 과정이 매우 중요합니다.

만약 스토리보드 없이 영상을 촬영하면 현장에서 의견 차이가 있거나 미처 구체적으로 생각하지 못한 부분 때문에 차질이 생길 수 있습니다. 이러한 위험 요소를 줄이기 위해서 스토리보드를 작성하는 것이지요.

장면 번호	시각적 요소 (장면)	내용	청각적 요소 (음악, 소리, 대사)	시간
#1		하얗고 뿌연 화면 (하얀 종이로 카메라를 막아 둔 화면)	무음	2s

#2		(땅에 떨어진 종이 쓰레기 시선에서 카메라 틸트업[*]) 집게로 종이를 들어 올리는 모습 주변이 환하게 비친다. 쓰레기를 주워 들어 봉지에 넣는 하나의 웃는 얼굴이 보인다.	잔잔하고 부드러운 음악 소리 시작된다.	4s
#3		한강변을 배경으로 뛰면서 쓰레기를 줍고 있는 동아리 부원들의 모습(롱샷[**])	(bgm 계속 흐른다.) (내레이션) 걸으면서, 그런 생각해 보신 적 있나요?	5s
#4		한가득 비닐봉지를 채운 쓰레기들 (인서트샷[***])	(내레이션) 이 많은 쓰레기들이 어디서 왔을까 라는 생각	2s

스토리보드의 예시

---

* 틸트업(tilt up): 화면을 따라 위로 올라가면서 촬영하는 것

** 롱숏(long shot): 피사체 전체와 주변까지 화면에 잡히도록 카메라가 멀리서 촬영하는 촬영 기법

*** 인서트숏(insert shot): 특정 상황을 상세히 설명하거나 강조하기 위해 영상적인 세부 묘사를 삽입하는 촬영 기법

촬영하기

스토리보드를 완성했다면 그 내용을 토대로 촬영을 순서대로 실행해 봅니다. 누가 어떤 등장인물을 맡을 것인지, 카메라는 누가 찍을 것인지, 준비물은 누가 준비할 것인지 등의 역할 분담을 하고 촬영을 진행합니다.

편집하기

촬영을 모두 마치면 촬영한 영상 중에서 필요한 부분을 선별하고 음향 효과, 자막 등을 추가합니다. 기획안을 다시 보면서 어떤 주제와 내용을 담고자 했는지 제작 의도를 생각하며 적절한 영상과 음향을 추가해 봅니다.

영상을 제작할 때 주의할 점이 있어요. 첫째, 영상이나 사진을 찍었을 때 다른 사람의 얼굴이 나오는지 확인하고 만약에 다른 사람의 얼굴이 나오는 경우 모자이크 처리하거나 나오지 않도록 편집합니다. 둘째, 음악이나 사진 등을 삽입하여 영상을 만들 때 사용한 음악이나 사진이 저작권을 침해하지 않는지 확인해 보아야 합니다. 셋째, 영상물을 제작했을 때 어떤 대회나 공모전에 출품하는 경우 그 저작권이 누구에게로 소속되는지 확인해 볼 필요가 있습니다.

점검하기

편집한 영상을 함께 보면서 다음 질문에 답해 보세요. 영상을 통해 주제가 잘 드러나는지, 시각적 요소와 청각적 요소가 적절히 활용되었는지, 예상 시청자가 이해하고 공감할 수 있는 내용인지 등을 점검해 보세요.

평가 내용	평가
주제가 명료하게 드러나는가?	☆ ☆ ☆
적절한 시각적 요소를 활용하였는가?	☆ ☆ ☆
적절한 청각적 요소를 활용하였는가?	☆ ☆ ☆
예상 시청자의 특징에 맞게 표현하였는가?	☆ ☆ ☆
영상의 길이, 용량, 형식이 적절한가?	☆ ☆ ☆
효과적인 전달 매체를 활용하였는가?	☆ ☆ ☆
타인의 초상권이나 저작권을 침해하지 않는가?	☆ ☆ ☆

점검하기 평가 표

인터넷 매체로 표현하기

휴대 전화를 잃어버린 적이 있나요? 휴대 전화가 없어서 연락도 할 수 없고 버스도 탈 수 없던 경험이 있나요? 휴대 전화 없이 하루를 살아 보면 어떨까요? 또는 인터넷이 되지 않는 곳에서 하루를 지낼 수 있을까요? 상상조차 하기 힘들 정도이죠. 그만큼 인터넷과 통신 매체가 우리 삶의 필수적인 부분을 차지하고 있다고 말할 수 있습니다.

특히 인터넷은 사람들의 삶을 혁신적으로 바꾸어 놓았죠. 인터넷을 통해 우리는 실시간으로 시공간을 초월하여 의사소통할 수 있게 되었어요. 많은 사람과 더 많은 소통을 하게 되었다는 점은 인터넷 매체 발달의 긍정적인 측면이라고 할 수 있어요. 멀리 떨어져 있어도 보고 싶은 사람에게 연락할 수 있으니까요. 신문을 사지 않아도 다양한 언론사의 뉴스도 마음껏 볼 수 있고요. 작가의 꿈을 키웠던 친구는 블로그 글을 꾸준히 쓰면서 진짜 작가가 될 수도 있고요. 인터넷 매체는 다음과 같은 특징을 가지고 있어요

- *실시간으로 소통이 이루어진다.*
- *시공간을 초월하여 소통이 이루어진다.*
- *전자 우편, 인터넷 사이트, 블로그, 온라인 대화 등 다양한 플랫폼을 이용할 수 있다.*
- *사진, 동영상, 링크 등도 공유할 수 있다.*
- *여러 사람이 동시에 대화를 나누거나 의견을 작성할 수 있다.*
- *수시로 간편하게 내용을 수정하고 편집할 수 있다.*

그렇다면 지금부터 우리가 일상적으로 자주 쓰는 온라인 대화, 전자 우편, 문자 메시지, 블로그, 사회관계망 서비스(SNS)를 어떻게 사용하고 있는지 살펴봅시다.

온라인 대화

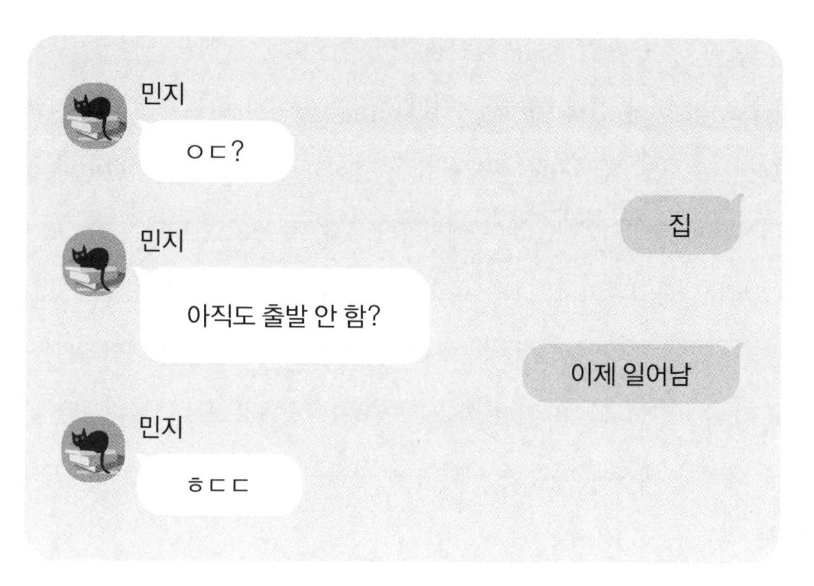

지은이는 온라인 대화를 통하여 일상적이고 비공식적으로 나누는 대화가 많은 편이다. 아침에 눈을 뜨면 자신에게 온 새 메시지가 있는지를 가장 먼저 확인한다. 새 메시지가 있어서 대화창에 들어가 보니 친구가 아니라 광고 메시지였다. 지은이는 온라인 대화를 매일 사용하고 있다. 왜냐하면 1:1로도 대화할 수 있고 여러 사람이 한꺼번에 대화를 나눌 수도 있어서 친구들도 모두 사용하고 있어 연락하기 편하기 때문이다.

가끔 온라인 대화로 새로운 사람이나 모르는 사람과도 공개된 대화창에 들어가면 다양한 주제로 대화를 나눌 수 있다. 지은이는 온라인 대화를 할 때는 짧은 글로 자신의 생각을 표현하고 줄임말, 은어, 비속어, 이모티콘 등을 많이 활용하고 있다.

지은이는 온라인 대화를 이용해서 친구들과 즐거운 대화를 많이 나누고 있군요! 언제 어디서나 대화할 수 있어서 즐겁고 편리하지요. 그러나 수시로 메시지를 주고받을 수 있어도 너무 이른 시간이나 늦은 시간에 보내지 않는 것이 예의임을 잊지 말아야 합니다.

그리고 줄임말이나 은어, 비속어를 많이 사용하고 있는데, 이러한 언어만 자주 사용하면 어휘가 풍부해지지 않고 단순한 표현만 반복하게 될 수 있습니다. 바른 표현을 사용하는 습관을 들여서 줄임말, 은어, 비속어 대신에 다양한 어휘와 문장을 써 보면 문해력을 더 쑥쑥 키울 수 있을 거예요!

또한 지은이는 온라인 공개 대화창에 들어가면 전혀 모르는 사람과 대화를 할 수도 있다고 했네요. 그럴 때는 특히 나의 개인 정보가 불필요하게 노출되지 않도록 주의해야 합니다. 그리고 개인의 권리를 침해하거나 개인 정보가 유출되었을 때는 보호자나 선생님께 그 사실을 꼭 알려서 자신의 권리를 지킬 수 있어야 해요.

지은이가 눈 뜨자마자 메시지를 확인한다고 했는데, 혹시 온라인 대화를 사용하고 있는 시간이 너무 길어서 다른 일상생활에 지장을 주고 있지는 않은지 점검해 보세요! 온라인 대화를 잘 사용한다는 것은 그 외의 다른 일상도 꾸준히 잘 해내고 있다는 뜻이니까요. 즐거운 온라인 대화가 일상에 활력이 되길 바랍니다!

전자 우편(이메일)

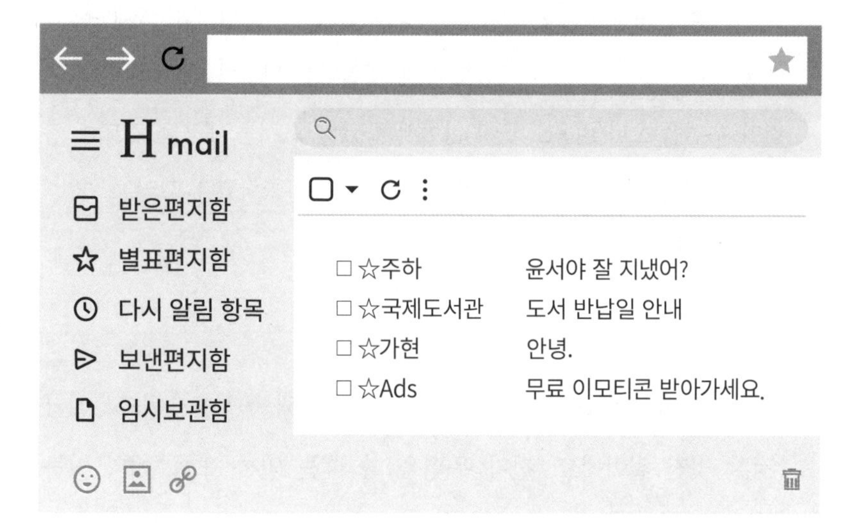

윤서는 요즘 전자 우편을 자주 사용하고 있다. 작년에 이민을 간 친구와 이메일로 소식을 주고받기 위해서이다. 시차가 있어서 즉각적으로 메시지를 주고받는 것보다 전자 우편을 써서 편지 형식으로 소식을 주고받는 것이 더 좋았기 때문이다. 전자 우편을 활용하면 자신이 하고 싶은 말을 편지 형식에 맞춰 정리하여 보낼 수 있다. 그래서 윤서는 친구의 생일을 축하한다는 메시지를 담은 동영상을 찍어서 친구에게 보내 주었다.

또한 윤서는 자신이 가장 좋아하는 가수의 뮤직비디오를 링크로 전달했다. 친구에게도 노래를 소개해 주고 싶었기 때문이다. 윤서는 자신이 쓴 이메일의 내용을 보내기 전에 미리 저장하고 다시 한번 읽어 보면서 틀린 표현은 없는지 친구가 보기에 잘 이해할 수 있을지를 생각하며 편집했다.

편지지로 써서 보내면 따뜻한 정성을 전해 줄 수 있지만, 국제 우편을 보내면 비용도 들고 시간도 오래 걸린다는 단점이 있다. 대신에 전자 우편을 쓰니 비용도 들지 않아서 좋았다. 윤서는 내용을 검토하고 이상이 없다는 확인 후 전자 우편 보내기를 클릭했다. 그리고 며칠 동안 친구에게 답장이 오기를 기다렸다.

윤서는 해외에 있는 친구와 전자 우편을 통해 우정을 나누고 있군요. 정말 멋진 일이에요. 전자 우편을 쓸 때는 인사 표현, 예의 있는 표현을 편지 형식에 준해서 쓰는 것이 좋아요. 전자 우편을 보낸 후에는 발송을 취소하지 못할 수도 있으므로 보내기 전 빠진 내용이나 수정할 것은 없는지 확인하는 것이 좋습니다. 윤서는 이 점도 아주 잘 지키고 있네요. 제목이나 발신자를 명확히 쓰면 수신자가 누가 보냈는지 확인하는 것에 도움이 되니, 제목과 발신자를 알기 쉽게 쓰는 것이 좋아요. 그리고 수신자의 이메일 주소가 틀리지는 않았는지 확인해 보는 것도 잊지말아야 합니다. 전자 우편이지만 받는 사람을 생각해서 인사와 마무리 표현을 쓰면 더욱 좋아요!

인터넷 카페, 게시판, 댓글

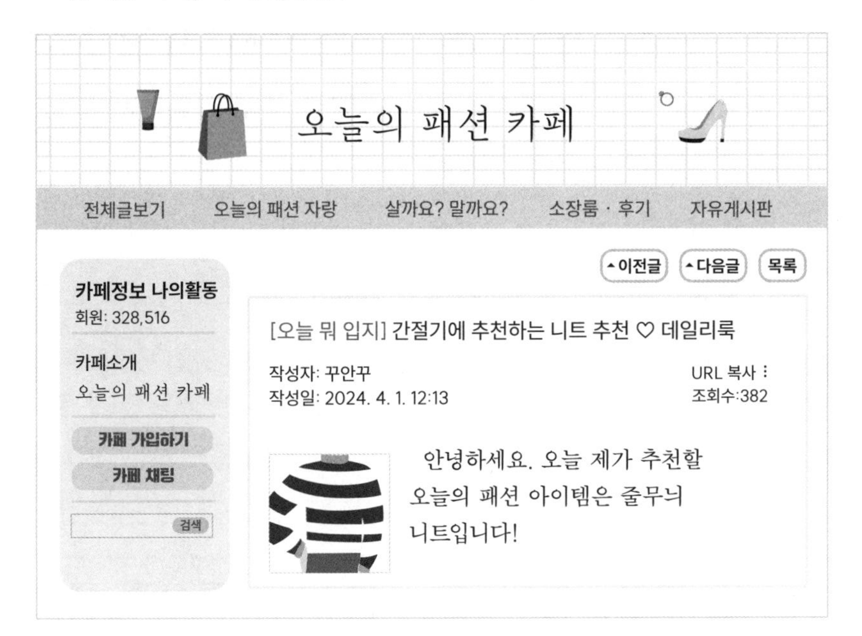

경민이는 요즘 패션을 주제로 한 카페에 자주 들어가고 있다. 패션 모델이 꿈인 경민이는 자신의 꿈과 관련한 자료를 보고 댓글을 달며 소통하고 있다. 다른 사람들이 올려 주는 오늘의 패션에 댓글을 달면서 서로 칭찬해 주거나 더 좋은 방법을 이야기하는 등 다양한 대화를 나눌 수 있기 때문이다. 댓글을 통해서 나의 의견에 사람들이 어떻게 생각하는지도 알 수 있어서 패션에 대한 시각을 넓히는 데 도움이 되고 있다. 경민이도 가끔 게시판에 오늘의 패션을 올리며 사람들의 반응을 살펴보곤 한다.

인터넷 카페는 특정 주제에 관심 있는 사람들이 모여 서로 정보를 공유하는 곳입니다. 경민이는 패션을 주제로 한 인터넷 카페를 잘 활용하고 있군요. 인터넷 카페의 글을 보며 다른 사람의 댓글을 읽거나 자신의 의견을 덧붙일 수도 있어요.

댓글을 쓸 때는 지금처럼 타인에 대한 불쾌한 내용을 올리거나 비방하는 내용을 올리지 않고 깨끗하고 바람직한 댓글 문화를 만들어 주세요!

블로그

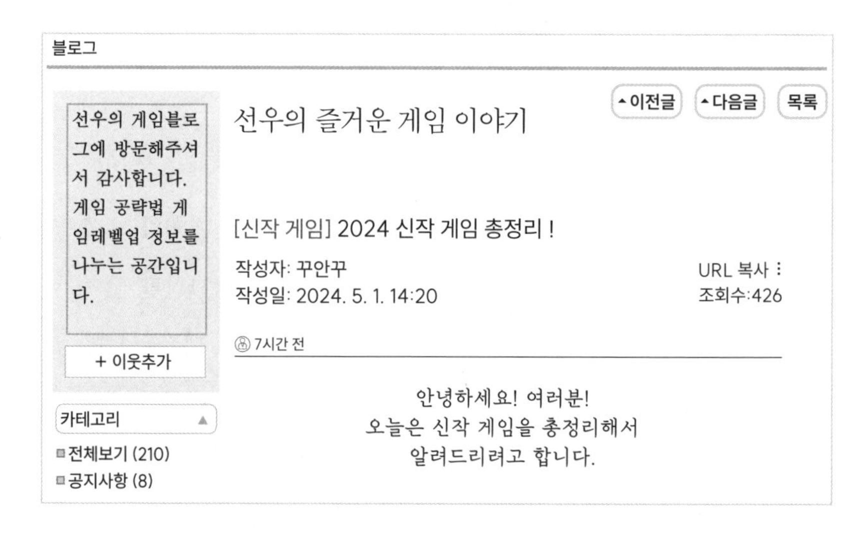

선우는 게임 블로그를 운영하고 있다. 선우가 좋아하는 게임 캐릭터에 대한 소개를 올리기도 하고 게임 전략에 대한 설명을 올리기도 한다. 게임과 관련한 새로운 소식을 올리거나 자유로운 생각과 느낌을 일기처럼 올릴 때도 있다.

블로그에는 사람들이 찾아와 선우의 글을 읽고 댓글을 달고 가기도 한다. 선우는 블로그를 찾아오는 사람들이 자신의 글을 잘 이해하려면 어떤 방법으로 글을 작성해야 하는지 생각해 본다. 내용이 너무 길 때는 소제목으로 내용을 나누어서 올리기도 한다. 또한 사진이나 그림, 영상 등을 올리기도 한다.

선우는 자신이 좋아하는 취미에 대한 블로그를 운영하고 있군요. 많은 이가 선우의 글을 읽고 있다니 멋지네요! 블로그에 글을 작성할 때는 자유로운 형식으로 쓸 수 있고 사진, 그림, 영상 등의 매체를 활용해도 좋습니다. 다만 블로그에 글을 쓸 때 저작권법을 지키며 올리고 있는지, 타인의 권리를 침해하는 경우는 없는지 다시 한번 확인해 보아야 합니다.

사회관계망 서비스(소셜 네트워크 서비스, SNS)

유찬이는 사회관계망 서비스에 자신의 일상을 올리고 있다. 유찬이는 좋아하는 노래를 연습하고 노래 부르는 모습을 영상으로 찍어서 올리기도 한다. 사회관계망으로 연결된 친구들이 유찬이의 글과 영상을 보고 '좋아요'를 누르고 댓글을 달아 주기도 한다. 실제로 알고 있는 친구들도 있지만, 실제로 만난 적은 없는 사회관계망 서비스 상의 친구들도 있다. 유찬이는 사람들과 일상을 공유하는 것에 즐거움을 느끼고 있다.

유찬이는 사회관계망 서비스에서 실시간으로 정보가 전파될 수 있다는 점을 잘 알고 있군요. 사회관계망 서비스에서는 모든 사람이 상대의 글을 읽기도 하고 동시에 글을 쓰기도 합니다.

사회관계망 서비스에서는 공개 설정에 따라 내가 설정한 사람만 나의 계정에 접속할 수 있습니다. 또는 모두에게 공개하기로 설정하면 불특정 다수에게 자신이 올린 내용이 공유될 수 있습니다. 또한 휴대전화 번호를 직접 주고받지 않아도 친구를 맺거나 연락할 수도 있지요. 그리고 계정을 가명이나 자신의 사진이 아닌 다른 사람의 사진을 올리는 사람도 있기 때문에 있는 그대로 다 믿어서는 안 된다는 점을 주의해야 합니다.

혹시 자신의 개인 정보가 원하지 않게 노출되지는 않는지 꼭 설정 사항을 확인해 보고, 보안 설정을 철저히 하고 비밀번호를 추론할 수 없게 설정하여 해킹의 대상이 되지 않도록 주의하세요. 주의점만 잘 지킨다면 사회관계망 서비스는 정말 유용한 소통 도구가 됩니다. 자신의 관심사에 대해서 최신 정보를 얻을 수도 있고 시공간을 넘어 많은 사람과 소통할 수 있으니까요.

[✓ 더 알아보기]

카드 뉴스

카드 뉴스란 이미지와 짧은 글을 카드 형식으로 표현하여 넘기면서 볼 수 있는 형태의 뉴스입니다. 정보를 시각화하고 짧은 글로 설명을 덧붙인 형태로 제작되었기 때문에 독자가 한눈에 정보를 파악할 수 있습니다. 또한 모바일 환경에서 보기 편리하기 때문에 정보를 전달하기 위한 매체로 다양하게 활용되고 있습니다.

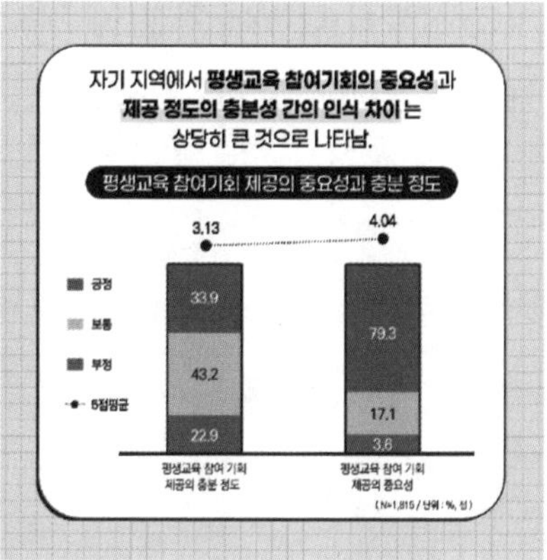

평생 교육 관련 카드 뉴스
(출처: 국가평생교육진흥원)

이것만은 알아 두세요

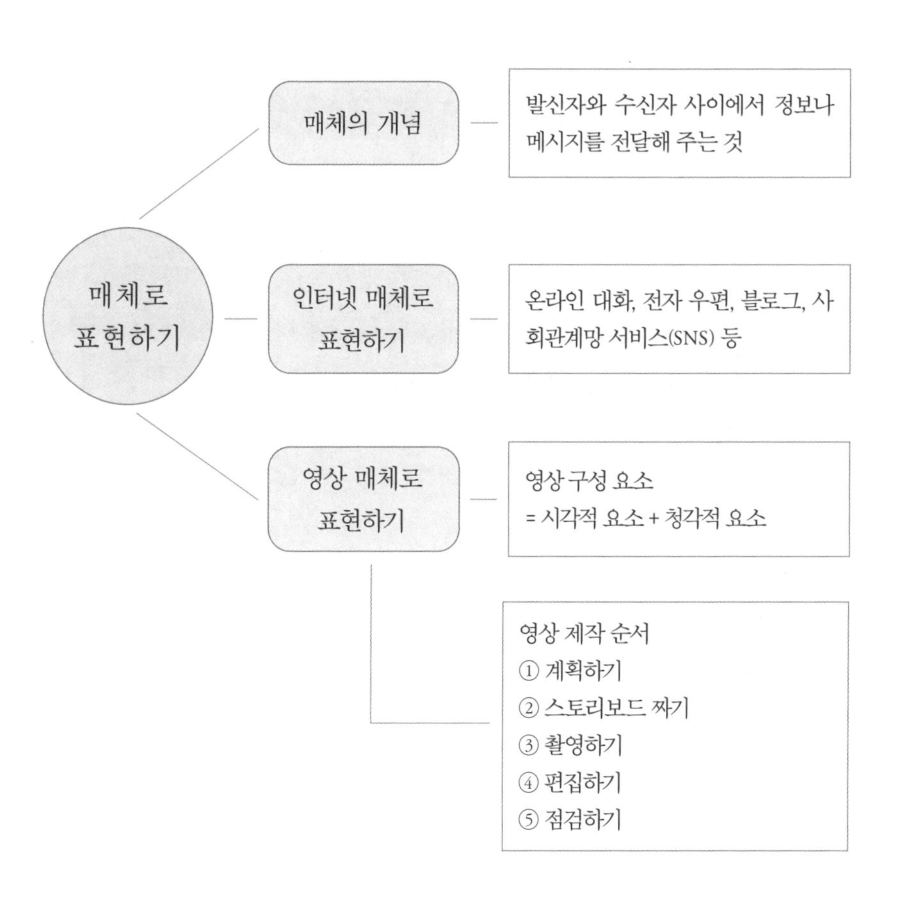

매체로 표현하기
매체의 개념
발신자와 수신자 사이에서 정보나 메시지를 전달해 주는 것
인터넷 매체로 표현하기
온라인 대화, 전자 우편, 블로그, 사회관계망 서비스(SNS) 등
영상 매체로 표현하기
영상 구성 요소
= 시각적 요소 + 청각적 요소
영상 제작 순서
① 계획하기
② 스토리보드 짜기
③ 촬영하기
④ 편집하기
⑤ 점검하기

풀어 볼까? 문제!

1. 다음은 무엇에 대한 설명인지 써 봅시다.

발신자와 수신자 사이에서 정보나 메시지를 전달해 주는 것

2. 다음 빈칸에 들어갈 적절한 단어를 써 봅시다.

영상 언어의 구성 요소는 (　　　　) 요소와 (　　　　) 요소로 나뉜다.

3. 다음 설명이 의미하는 것이 무엇인지 써 봅시다.

영상을 직접 촬영하기 전에 내용을 구체적인 장면으로 나누어 이미지화한 표

정답

1. 매체
2. 시각적, 청각적
3. 스토리보드

쓰기 윤리, 서로를 위해 지켜요!

우리는 사회를 이루고 사람들과 함께 생활하면서 윤리적 규범을 지키며 살고 있습니다. 우리가 지키고 있는 윤리적 규범에는 다음과 같은 것들이 있지요. 첫째, 거짓말하지 않기, 둘째, 다른 사람에게 피해 주지 않기, 셋째, 다른 사람이 만든 것을 그냥 가져가지 않기 등이지요. 이러한 원리는 글을 쓸 때도 마찬가지로 적용됩니다. 사람들이 함께 살아가는 공동체에 규칙과 예절이 있는 것처럼, 쓰기 활동에서도 지켜야 할 윤리적 규범이 있습니다. 글을 쓸 때도 거짓말하지 않고, 다른 사람에게 피해를 주지 않고, 다른 사람이 만든 것을 그냥 가져다 쓰지 않아야겠지요? 이렇게 글을 쓸 때 지켜야 할 윤리적인 규범을 쓰기 윤리라고 해요. 쓰기 윤리가 필요한 상황을 살펴보고 어떻게 행동해야 쓰기 윤리를 지킬 수 있는지 알아봅시다.

다른 사람의 글 표절하지 않기

지호는 학교에서 독후감을 써서 제출해야 했어요. 그런데 제출일이 하루밖에 남지 않았는데 전혀 책을 읽지 못했어요. 지호는 책은 읽지 않고 인터넷에서 다른 사람이 써 놓은 독후감을 검색해서 그대로 제출하고 싶어졌어요. 이 순간! 지호에게 어떻게 말해 주면 좋을까요?

글을 쓸 때 다른 사람이 쓴 글을 그대로 가져다가 자신이 쓴 것처럼 해서는 안 됩니다. 직접 글을 써야 하고 만약에 다른 사람의 글을

인용해야 한다면 꼭 필요한 부분만 출처를 밝혀서 인용해야 해요. 따옴표를 활용하여 인용한 구절을 밝히고 누가 쓴 것인지, 어디에 게재된 것인지를 적도록 합니다.

표준국어대사전에 따르면 '표절'은 시나 글, 노래 따위를 지을 때 남의 작품의 일부를 몰래 따다 쓰는 것을 말합니다. 디지털 시대에는 복사하기가 쉬워지면서 글뿐만 아니라 사진, 음악, 영상, 디자인 등도 표절의 대상이 되고 있습니다. 그러나 타인의 글이나 작품들은 법으로 보호받고 있다는 점을 꼭 기억해야 합니다.

- *표절: 시나 글, 노래 따위를 지을 때 남의 작품의 일부를 몰래 따다 씀.*
- *인용: 남의 말이나 글을 자신의 말이나 글 속에 끌어 씀.*
  - *직접 인용: 다른 사람의 말이나 글을 변형하지 않고 그대로 쓰는 것.*
  - *간접 인용: 다른 사람의 말이나 글을 자신의 표현으로 바꾸어 쓰는 것.*

표준국어대사전*

글쓰기에서도 타인이 쓴 글의 출처를 밝히지 않고 그대로 가져다

* 국립국어원 표준국어대사전에서 인용

쓰면 저작권법을 어기게 될 수 있습니다. 다른 사람이 그린 그림이나 음악을 그대로 복사해서 자신이 한 것처럼 사용하면 안 되는 것과 마찬가지로 글 역시 다른 사람이 쓴 글을 그대로 베껴서 사용해서는 안 됩니다. 일부러 베끼는 것도 잘못되었지만, 인용법을 몰라서 지키지 못하는 경우도 많습니다. 그래서 올바르게 인용하는 방법을 잘 알고 있어야 합니다. 다른 사람이 만든 저작물이라면 그 점을 밝히고 바른 인용법을 사용하여 적절하게 활용해야 합니다.

따라서 출처 쓰는 법을 알아 두어야 올바르게 인용할 수 있습니다. 다른 사람의 글을 꼭 인용해야 할 때는 글의 지은이, (발행)연도, 제목 등을 기록해야 합니다.

출처의 종류	출처 양식
신문 기사	기사 제목, 신문사 이름, 기자 이름, 기사 올린 날짜
책	책 제목, 저자, 출판사, 쪽수
TV 프로그램	프로그램 제목, 방송사, 방송 날짜
영상 자료	영상 제목, 영상 채널 제목, 업로드 날짜
블로그	블로그 이름, 블로그 주인 닉네임, 글 제목

출처 표기 방법

우리는 글을 쓰는 과정을 경험해 나가면서 마주하는 문제를 해결해 나간다고 하였죠? 글을 쓰다 보면 어떻게 표현해야 할지 모르겠거나 어떤 자료를 써야 좋을지 막막하고 어려운 순간들이 찾아오곤 합니다. 그럴 때마다 다른 사람의 글을 베껴 쓰거나 사실에 기반하여 써야 하는 글을 지어내어 쓰고 싶은 유혹이 생길지도 모릅니다.

완성된 글뿐만 아니라 글을 쓰기 위해 계획하고 표현하고 고쳐 나가는 모든 과정이 유익한 경험이며 우리의 사고력과 문제 해결력을 키워 주는 활동입니다. 그래서 글을 쓰면서 어려움을 느끼고 어떻게 해결해 나갈지를 고민하는 그 과정 자체도 매우 중요하지요. 글을 쓰며 부딪히는 문제를 해결해 나가는 과정을 겪으며 쓴 글은 우리에게 뿌듯함과 보람을 느끼게 합니다. 나만의 관점과 표현으로 완성한 글은 중요한 가치를 갖게 됩니다.

자료를 왜곡, 변형, 과장, 축소하지 않기

특히 보고서를 쓰는 과정에서 관찰하거나 실험, 조사한 내용이 예상한 결과와 다르게 나오는 경우가 있어요. 이때 절차나 결과를 축소, 과장, 변형, 왜곡해서 쓰지 않도록 주의해야 합니다. 실제로 거짓 보고서를 써서 사회적으로 큰 파장을 일으킨 사건이 있었고 처벌을 받기도 했습니다. 결과가 의도한 대로 나오지 않았더라도 있는 그대로 작성하는 것이 중요합니다.

타인에 대해 비방하거나 타인의 권리를 침해하는 내용 쓰지 않기

타인을 비방하거나 타인의 권리를 침해하는 글을 쓰지 않도록 주의해야 합니다. 특히 얼굴을 보지 않기 때문에 익명성이 보장되는 인터넷 게시판 등에서 비속어를 쓰거나 타인을 비방하는 글을 쓰는 경우를 본 적이 있을 것입니다. 그러나 여러분은 절대로 그런 문화에 동조해서는 안 됩니다. 타인에게 상처를 주는 글이나 타인의 권리를 침해하는 글은 도덕적으로도 법적으로도 허용될 수 없습니다.

만약 누군가가 타인을 비방하거나 권리를 침해하는 글을 쓰면, 이는 기록에 남게 됩니다. 또한 인터넷은 파급력이 강한 매체이기 때문에 순식간에 많은 이들에게 퍼져 나갈 수 있음을 인식해야 합니다. 상처를 남기는 글 대신 따뜻한 글, 배려하는 글, 존중하는 글, 예의 있는 글을 써서 바람직한 문화를 만들어 가야 합니다.

지금까지 쓰기 윤리를 지키는 방법에 대해 알아보았어요. 우리의 일상생활에서 윤리적인 태도가 필요하듯이 마찬가지로 언어생활인 쓰기 활동에서도 윤리적인 태도가 필요합니다. 진실을 추구하고 솔직하게 의사소통하는 것은 모든 분야와 영역에서 지켜야 할 중요한 가치입니다.

드디어 글쓰기의 여정이 마무리되었습니다. 글쓰기가 어려워서 책을 읽게 된 친구들도 있을 것이고, 단순히 쓰기 방법이 궁금해서 책을 읽었던 친구들도 있을 거예요. 이제 글쓰기와 조금 친밀해졌나요? 여러분도 한 사람의 글쓴이로서 글을 계획하고, 내용을 생성하고, 내용을 조직하고, 초고를 쓰고, 고쳐쓰기 단계와 여러 조정 단계를 거쳐 하나의 완성된 글을 써 보세요. 어떤 주제의 글이든, 어떤 목적의 글이든, 단 한 편이라도 짜임새 있게 글을 완성하는 첫 경험은 글쓰기 자신감을 기르는 데 정말 중요한 일입니다. 단순히 글을 쓰는 데서 그치지 말고, 출판을 하거나 온라인상에 올려 내가 쓴 글을 다른 사람과 나누고 직접 독자와 만나며 내 글에 대한 피드백을 받는 시간도 가져 보세요. 다른 사람들이 나의 글을 읽고 나의 생각을 이해하고 공감하거나, 또는 서로 다른 부분에 대해서 이야기를 나누는 특별한 경험을 해 보세요. 글을 통해 사람들과 넓고 깊게 소통하는 것은 개인을 성장시키고 더 나아가 사회의 발전을 가져올 수 있는 자아 성찰 과정인 동시에 사회적 의사소통 과정입니다. 여러분이 자기 생각과 마음을 담은 멋진 글을 완성하기를 기대하고 응원합니다.

[✓ 더 알아보기]

저작권법에 의해 저작물이 보호되고 있어요

저작권법은 저작자의 저작물을 법적으로 보호하기 위한 법으로서 저작물의 공정한 이용을 도모하고 문화 발전에 이바지하고자 만들어졌습니다. 저작물은 글뿐만 아니라 인간의 사상이나 감정을 표현한 다양한 매체를 모두 포함하는 개념입니다. 타인의 저작물을 인용할 때는 저작권법에 어긋나지 않는지 확인하여야 합니다.

저작권법

제2조(정의) 이 법에서 사용하는 용어의 뜻은 다음과 같다. 〈개정 2009. 4. 22., 2011. 6. 30., 2011. 12. 2., 2016. 3. 22., 2021. 5. 18., 2023. 8. 8.〉

1. "저작물"은 인간의 사상 또는 감정을 표현한 창작물을 말한다.
2. "저작자"는 저작물을 창작한 자를 말한다.
3. "공연"은 저작물 또는 실연實演 · 음반·방송을 상연·연주·가창·구연·낭독·상영·재생 그 밖의 방법으로 공중에게 공개하는 것

을 말하며, 동일인의 점유에 속하는 연결된 장소 안에서 이루어지는 송신(전송은 제외한다)을 포함한다.

제2장 저작권

제1절 저작물

제4조(저작물의 예시 등) ①이 법에서 말하는 저작물을 예시하면 다음과 같다.

1. 소설·시·논문·강연·연설·각본 그 밖의 어문 저작물
2. 음악 저작물
3. 연극 및 무용·무언극 그 밖의 연극 저작물
4. 회화·서예·조각·판화·공예·응용미술 저작물 그 밖의 미술 저작물
5. 건축물·건축을 위한 모형 및 설계도서 그 밖의 건축 저작물
6. 사진 저작물(이와 유사한 방법으로 제작된 것을 포함한다)
7. 영상 저작물
8. 지도·도표·설계도·약도·모형 그 밖의 도형 저작물
9. 컴퓨터 프로그램 저작물

[✓ 더 알아보기]

이용할 수 있는 저작물은 여기에서!

완벽히 새로운 창작은 없다는 말이 있습니다. 그만큼 창작 활동 과정에서 기존 작품을 전혀 참조하지 않기란 어렵다는 뜻입니다. 모든 것이 저작권법에 저촉된다면 사람들은 창작을 하지 못할 것입니다. 이 때문에 사람들이 창작 활동을 꺼리게 된다면 문화 발전이 저해될 수도 있겠지요. 그러한 일이 없도록 일부에서는 저작물을 사용할 수 있도록 허락하고 공유하고 있습니다.

일부 단체나 정부에서는 사람들이 더 풍요로운 문화 예술 발전을 적극적으로 이룰 수 있도록 일부 저작물을 무료로 제공하기도 합니다. 저작권 침해를 하지 않으면서 활용할 수 있는 무료 자료를 구한다면 다음의 누리집을 활용해 보세요.

- **공공 누리 공유 마당**

- 공공 저작물 자유 이용 허락 표시 제도(Korea Open Government License)

- 주소: kogl.or.kr

- 유형별 이용 조건에 따라 이용할 수 있는 저작물을 제공합니다.

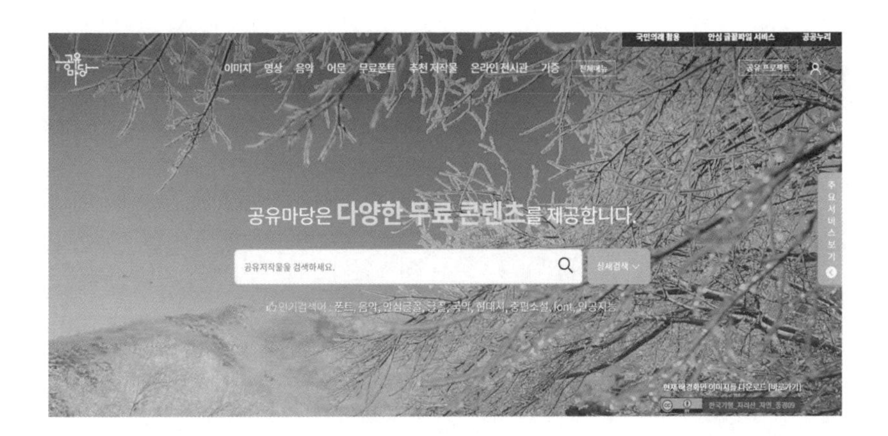

제1유형: 출처 표시

제2유형: 출처 표시 + 상업적 이용 금지

제3유형: 출처 표시 + 변경 금지

제4유형: 출처 표시 + 상업적 이용 금지
+ 변경 금지

이것만은 알아 두세요

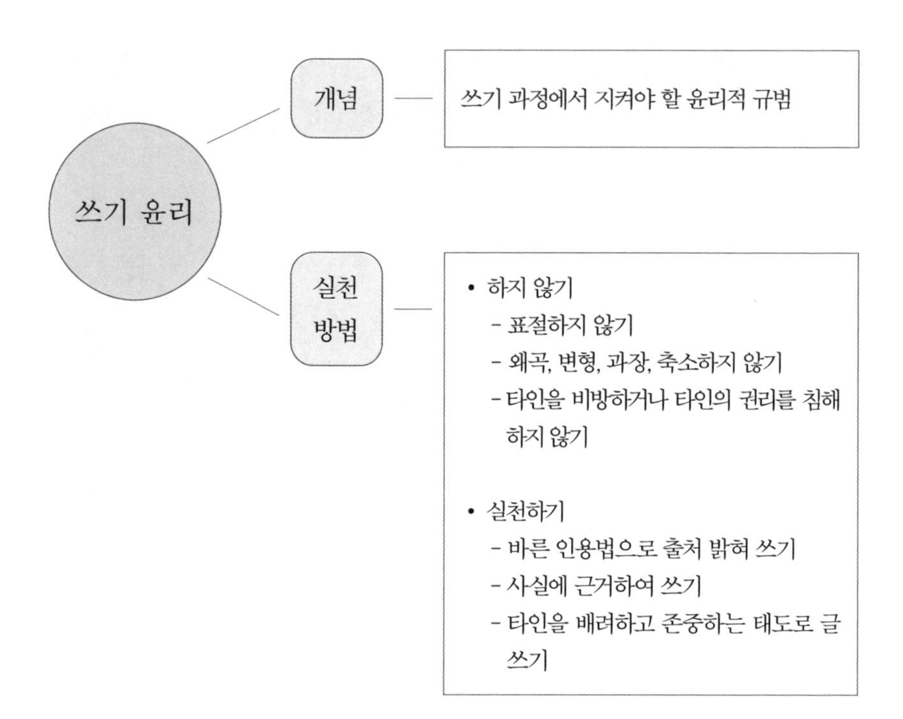

쓰기 윤리
개념
쓰기 과정에서 지켜야 할 윤리적 규범
실천 방법
• 하지 않기
- 표절하지 않기
- 왜곡, 변형, 과장, 축소하지 않기
- 타인을 비방하거나 타인의 권리를 침해하지 않기
• 실천하기
- 바른 인용법으로 출처 밝혀 쓰기
- 사실에 근거하여 쓰기
- 타인을 배려하고 존중하는 태도로 글 쓰기

풀어 볼까? 문제!

1. 빈칸에 들어갈 적절한 단어를 써 봅시다.

(　　　　)란 글을 쓸 때 지켜야 할 윤리적인 규범을 말한다.

2. 쓰기 윤리를 지키기 위해 내가 실천할 수 있는 방법을 한 가지만 써 봅시다.

정답

1. 쓰기 윤리
2. (예) 다른 사람의 글을 인용할 때에는 반드시 인용한 부분과 출처를 적는다.

한언의 사명선언문

Since 3rd day of January, 1998

Our Mission – 우리는 새로운 지식을 창출, 전파하여 전 인류가 이를 공유케 함으로써 인류 문화의 발전과 행복에 이바지한다.

– 우리는 끊임없이 학습하는 조직으로서 자신과 조직의 발전을 위해 쉼 없이 노력하며, 궁극적으로는 세계적 콘텐츠 그룹을 지향한다.

– 우리는 정신적·물질적으로 최고 수준의 복지를 실현하기 위해 노력하며, 명실공히 초일류 사원들의 집합체로서 부끄럼 없이 행동한다.

Our Vision 한언은 콘텐츠 기업의 선도적 성공 모델이 된다.

저희 한언인들은 위와 같은 사명을 항상 가슴속에 간직하고
좋은 책을 만들기 위해 최선을 다하고 있습니다.
독자 여러분의 아낌없는 충고와 격려를 부탁드립니다.
• 한언 가족 •

HanEon's Mission statement

Our Mission – We create and broadcast new knowledge for the advancement and happiness of the whole human race.

– We do our best to improve ourselves and the organization, with the ultimate goal of striving to be the best content group in the world.

– We try to realize the highest quality of welfare system in both mental and physical ways and we behave in a manner that reflects our mission as proud members of HanEon Community.

Our Vision HanEon will be the leading Success Model of the content group.